Charlotte Goldstein
Selbstvertrauen

»Zuversichtlich mit den Herausforderungen des Alltags umzugehen und beruflichen wie privaten Höhen und Tiefen mit Selbstsicherheit zu begegnen, ist der Wunsch vieler Menschen. Als Coach sehe ich meine Aufgabe darin, Kraftquellen zu aktivieren, neue Sichtweisen zu ermöglichen und Menschen in ihrer Autonomie und Gestaltungskraft zu unterstützen.«

Die Wirtschaftspsychologin Charlotte Goldstein begleitet vor dem Hintergrund eigener Managementerfahrung seit vielen Jahren Menschen und Organisationen als Beraterin und Coach. Ihr besonderer Schwerpunkt liegt in der Begleitung von persönlichen Veränderungsprozessen und der Gestaltung einer gesunderhaltenden Unternehmenskultur. In ihre Arbeit lässt sie Aspekte ihrer 20-jährigen Meditations- und Achtsamkeitspraxis einfließen. Charlotte Goldstein lebt in München und Stuttgart.

Charlotte Goldstein

DER GLÜCKSCOACH

Selbstvertrauen

Stark im Alltag

Selbstvertrauen – die Basis

Sich selbst wertschätzen

Sich selbst vertrauen

Sich selbst behaupten

Und es kam der Tag, da das Risiko, in der **Knospe** zu verharren, schmerzlicher wurde als das Risiko, zu **blühen**.

Anaïs Nin

Liebe Leserin, lieber Leser,

mit diesem Buch haben Sie sich ein wunderbares Geschenk gemacht. Es unterstützt Sie dabei, sich selbst ein guter Coach zu sein. Ein Coach, der Ihnen hilft, mit mehr Selbstvertrauen Ihr eigenes Potenzial zu entdecken und zu leben. Ich möchte Sie gerne dabei begleiten und Ihnen die erfolgreichsten Techniken meiner langjährigen Tätigkeit als Coach zur Verfügung stellen.

Menschen mit einem guten Selbstvertrauen fallen uns oft auf, weil sie schwierigen Situationen mit einer gehörigen Portion positivem Realismus gegenübertreten. Von anderen werden sie in ihrer Meinung ernst genommen, weil sie freundlich, aber sehr deutlich Position beziehen, für die eigenen Interessen eintreten und auch einmal »Nein« sagen. Seit vielen Jahren ist es meine Aufgabe, Menschen bei der Entwicklung dieser Fähigkeiten zu unterstützen. Schnelle Rezepte finden Sie in diesem Buch jedoch nicht. Denn Selbstvertrauen braucht starke Wurzeln, nicht schnelle Lösungen.

Ich möchte Sie vielmehr mitnehmen auf eine Entdeckungsreise zu Ihren eigenen Stärken und ganz individuellen Selbstwertquellen. Die wissenschaftliche Basis dabei bilden die positive Psychologie sowie die Glücks- und Resilienzforschung. Diese neueren Ansätze beschäftigen sich damit, wie Menschen zu Selbstbestimmtheit, Selbstvertrauen, Zufriedenheit und innerer Stärke gelangen. Auf diesen Erkenntnissen beruht dieses Workbook, das Sie in Ihren Händen halten. Es vermittelt Ihnen nur fachlich fundierte und im Coaching wirklich erprobte Ansätze und ist somit ein durchweg praxisorientierter Begleiter.

Denn eins steht fest: Sie können Ihr »Selbst« stets stärken und das Vertrauen in das »Ich« steigern. Wie das geht? Indem Sie sich selbst besser kennenlernen, Mut für neue Erfahrungen entwickeln und Ihr individuelles Selbstbestärkungsprogramm starten.

Ihre Charlotte Goldstein

SELBST-VERTRAUEN

DIE BASIS

Selbsttest: Wie steht es um Ihr Selbstvertrauen?

Das Ich ist der Freund des Ich und zugleich sein größter Feind. Niemand außer dem Ich selbst kann das Ich schützen. Bhagavadgita

Unser Selbstvertrauen stützt sich auf drei Säulen: Die Grundlage bildet die Selbstwertschätzung. Sie umfasst die Art und Weise, wie wir uns selbst, unsere Gefühle, unsere Lebensgeschichte und unseren Körper positiv annehmen. Sie bildet die Basis für ein grundlegendes »Ja« zu uns selbst. Die zweite Säule ist das Selbstvertrauen. Gemeint ist das Maß an Vertrauen in die eigenen Fähigkeiten und Stärken, die wir benötigen, um eine Aufgabe oder ein Problem erfolgreich zu meistern. Diese Fähigkeit stärkt unser Zutrauen in unsere Leistungsfähigkeit. Selbstbehauptung, als dritte Säule, umfasst die Fähigkeit, unsere Werte und Glücksquellen zu kennen und zu verteidigen. Dazu zählt auch ein überzeugendes und klares Auftreten.

Das Buch beginnt mit einem Selbsttest, der Ihnen eine erste Einschätzung zu Ihrem Selbstvertrauenspegel gibt. Die folgenden drei Kapitel widmen sich den drei Säulen des Selbstbewusstseins – jeweils mit zahlreichen erprobten Selbstcoaching-Übungen, die Ihre Kreativität und Offenheit herausfordern werden.

Prüfen Sie mit diesem Test, wie gut Sie Ihr »Ich« kennen, mit all seinen Stärken, Schwächen und Bedürfnissen. Dieser Selbsteinschätzungsbogen ist entstanden durch die Befragung zahlreicher Coaching-Klienten, die mir Auskunft gaben, wie sich aus ihrer Sicht Selbstwertschätzung emotional, kognitiv, aber auch handlungsbezogen in Beruf und Alltag aus-

drückt. Der Ausgangspunkt für die Befragungen waren Theorien und Methoden der humanistischen und positiven Psychologie, die sich mit Selbstvertrauen und dessen Messbarkeit beschäftigen. Der Test bezieht sich auf die drei zentralen Größen des Selbstwertgefühls: Selbstwertschätzung, Selbstvertrauen und Selbstbehauptung.

Die folgenden Fragen sollten Sie aus dem »Wohnzimmer-Ich« heraus beantworten. Dies bedeutet: Bleiben Sie entspannt, ehrlich zu sich selbst und folgen Sie im Zweifel Ihrer Intuition. Betrachten Sie die Ergebnisse des Tests als Anregung zum Nachdenken, weniger als feste Zuschreibung. Entwickeln Sie persönliche Ziele aus dem Testergebnis.

Seien Sie dabei ehrlich zu sich selbst und haben Sie keine Angst davor, den Test nicht zu bestehen. Umso klarer Sie sich über Ihr Selbstbild werden, umso besser wird es Ihnen gelingen, Verhaltensweisen, die Ihnen nicht guttun, auszumachen und positive Veränderungen in Angriff zu nehmen.

Lesen Sie die Feststellungen im folgenden Test durch und überlegen Sie, ob diese für Ihre Person zutreffen.

Wie stark ist mein Selbstvertrauen?

Nr.		0 (stimmt nicht)	1 (stimmt teilweise)	2 (stimmt weitgehend)	3 (stimmt vollkommen)
1	Alles in allem bin ich zufrieden mit meinen Leistungen.	☐	☐	☐	☐
2	Es fällt mir leicht, meine Forderungen klar zu äußern.	☐	☐	☐	☐
3	Meine Gefühle und Wünsche bringe ich klar und sicher zum Ausdruck.	☐	☐	☐	☐
4	Ich bin gelassen und ruhig, wenn ich neuen Menschen begegne.	☐	☐	☐	☐
5	Ich denke, dass ich eine Menge Fähigkeiten und Qualitäten habe.	☐	☐	☐	☐
6	Ich fühle mich bei Kritik nicht gleich verletzt und angegriffen.	☐	☐	☐	☐
7	Wie ich auf andere wirke, ist mir nicht so wichtig wie meine Selbsteinschätzung.	☐	☐	☐	☐
8	Es fällt mir leicht über meine Stärken und Fähigkeiten zu sprechen.	☐	☐	☐	☐
9	Wenn etwas verteilt wird, nehme ich mir den Teil, der mir zusteht.	☐	☐	☐	☐
10	Ich bin in der Lage, Aufgaben so gut wie andere zu bewältigen.	☐	☐	☐	☐
11	Ich sorge im Alltag dafür, dass meine Bedürfnisse zum Tragen kommen.	☐	☐	☐	☐

Nr.		0 (stimmt nicht)	1 (stimmt teilweise)	2 (stimmt weitgehend)	3 (stimmt vollkommen)
12	Alles in allem fühle ich mich anerkannt und geliebt.	☐	☐	☐	☐
13	Ich kann zu meinen Schwächen stehen und muss sie nicht verbergen.	☐	☐	☐	☐
14	Ich reklamiere in Restaurants, wenn Essen oder Bedienung ungenügend sind.	☐	☐	☐	☐
15	Ich habe viel erreicht, worauf ich stolz sein kann.	☐	☐	☐	☐
16	Mit meinem Körper und meinem Aussehen bin ich zufrieden.	☐	☐	☐	☐
17	Wenn ich einmal ängstlich oder unsicher bin, fasse ich schnell wieder Zuversicht.	☐	☐	☐	☐
18	Meine Ziele verfolge ich mit Nachdruck, auch wenn es Schwierigkeiten gibt.	☐	☐	☐	☐
19	Ich bin überzeugt, dass ich mir in vielen Situationen selbst helfen kann.	☐	☐	☐	☐
20	Im Großen und Ganzen bin ich mit mir zufrieden.	☐	☐	☐	☐
21	Es fällt mir leicht, andere um Hilfe zu bitten.	☐	☐	☐	☐
22	»Autoritätspersonen« begegne ich gelassen und entspannt.	☐	☐	☐	☐
23	Ich weiß meine Stärken und Schwächen gut einzuschätzen.	☐	☐	☐	☐

Nr.		0 (stimmt nicht)	1 (stimmt teilweise)	2 (stimmt weitgehend)	3 (stimmt vollkommen)
24	Ich denke, dass mich Menschen schnell leiden mögen.	☐	☐	☐	☐
25	Bei Entscheidungen ist es mir nicht wichtig, wie andere diese bewerten.	☐	☐	☐	☐
26	Ich habe mir selbst gegenüber eine positive Grundeinstellung.	☐	☐	☐	☐
27	Schuldgefühle und strenge Selbstkritik halten sich bei mir im Rahmen.	☐	☐	☐	☐
28	Bei Meinungsverschiedenheiten vertrete ich meinen Standpunkt klar und deutlich.	☐	☐	☐	☐
29	Auch wenn eine Situation verfahren scheint, fällt mir immer noch etwas ein.	☐	☐	☐	☐
30	Auch wenn durch mich mal etwas schief läuft, schäme ich mich nicht.	☐	☐	☐	☐
31	Wenn ich mich mit anderen vergleiche, bin ich ganz zufrieden mit mir.	☐	☐	☐	☐
32	Wenn ich die Wünsche anderer nicht erfüllen möchte, sage ich klar »Nein«.	☐	☐	☐	☐
33	Wenn ich ein Ziel erreicht habe, kenne ich meinen Anteil am Erfolg genau.	☐	☐	☐	☐
34	Über Komplimente kann ich mich freuen – da werde ich nicht verlegen.	☐	☐	☐	☐
35	Ich denke, dass ich Dinge, die ich erlernen möchte, auch hinbekomme.	☐	☐	☐	☐

Nr.		0 (stimmt nicht)	1 (stimmt teilweise)	2 (stimmt weitgehend)	3 (stimmt vollkommen)
36	Wenn ich etwas vorhabe, lasse ich mich von Störungen nicht so leicht abhalten.	☐	☐	☐	☐
37	Wenn eine Krise eintritt, sehe ich rasch einen Ausweg oder eine Alternative.	☐	☐	☐	☐
38	Ich denke, dass ich mindestens so viel wert bin wie andere Menschen auch.	☐	☐	☐	☐
39	Auch in ungewohnten Situationen bin ich entspannt und positiv gestimmt.	☐	☐	☐	☐
40	Wenn ich ungerecht behandelt werde, setze ich mich zur Wehr.	☐	☐	☐	☐
41	Meine bisherige Lebensgeschichte kann ich gut annehmen und akzeptieren.	☐	☐	☐	☐
42	Ich denke, dass meine (fachliche) Meinung wichtig ist und geschätzt wird.	☐	☐	☐	☐
43	Dass andere mich für inkompetent halten, denke ich so gut wie nie.	☐	☐	☐	☐
44	Wenn ich verbal angegriffen werde, kann ich schnell und angemessen kontern.	☐	☐	☐	☐
45	Ich tue alles dafür, dass ich mit meinen Lebensumständen zufrieden bin.	☐	☐	☐	☐

Als wissenschaftliche Basis des Tests dienen die Skala zur Messung des Selbstwertgefühls (Self-Esteem Scale, Rosenberg, 1965), die Multidimensionale Selbstwertskala (Fleming und Courtney, 1984) sowie die Theoriekonzepte der humanistischen und positiven Psychologie.

Auswertung

Tragen Sie nun die Bewertungspunkte zu den einzelnen Fragen ein und bilden Sie die Summe für jede Säule. Am Ende finden Sie auch Platz, um die Gesamtsumme der drei Säulen einzutragen.

Auswertungsbogen

Selbstwertschätzung (SW)

Frage 3	Frage 7	Frage 8
Frage 12	Frage 13	Frage 16
Frage 20	Frage 24	Frage 26
Frage 27	Frage 30	Frage 31
Frage 34	Frage 38	Frage 41
Summe SW		

Selbstvertrauen (SV)

Frage 1	Frage 4	Frage 5
Frage 10	Frage 15	Frage 17

Auswertungsbogen

Frage 19	Frage 23	Frage 29
Frage 33	Frage 35	Frage 37
Frage 39	Frage 42	Frage 43
Summe SV		

Selbstbehauptung (SB)

Frage 2	Frage 6	Frage 9
Frage 11	Frage 14	Frage 18
Frage 21	Frage 22	Frage 25
Frage 28	Frage 32	Frage 36
Frage 40	Frage 44	Frage 45
Summe SB		

Gesamtsumme

Gesamtergebnis

Lesen Sie hier, was Ihre Test-Gesamt-summe bedeutet.

121–135: sehr gut ausgeprägtes Selbst-wertgefühl: Ihr Selbstwertgefühl ist sehr gut. Sie gehören zu den wenigen Men-schen, die über ein positives Selbstbild und ein gesundes Selbstwertgefühl ver-fügen. Achten Sie bitte ein wenig darauf, dass Ihre Selbsteinschätzung realistisch bleibt und Sie andere und deren Leistung ausreichend sehen und wertschätzen. Ho-len Sie dazu von Ihrer Familie, von Freun-den und Kollegen regelmäßig Feedback, ein. Üben Sie sich im Zuhören und darauf, auch auf die Wünsche anderer zu achten.

101–120: gut ausgeprägtes Selbstwert-gefühl: Sie sind in den meisten Lebens-bereichen selbstbewusst. Sie können ihr Selbstwertgefühl jedoch noch verstär-ken und sind nun aufgefordert, sich neue Ziele zu setzen. Vielleicht, indem Sie an-dere auf ihrem Weg zu einem »positiven Ich« begleiten? Dabei könnten Sie eine neue Quelle der Befriedigung entdecken: die Hilfsbereitschaft. Bleiben Sie auf alle Fälle aktiv und arbeiten Sie stets an sich. So können Sie ihre Zufriedenheit und Ihre positive Ausstrahlung weiter erhöhen.

71–100: mittleres, schwankendes Selbst-wertgefühl: An manchen Tagen sind Sie zufrieden mit sich, an anderen weni-ger. Manche Herausforderung nehmen Sie gerne an, andere vermeiden Sie. Wo-ran liegt's? Stehen Ihnen Glaubenssätze und kritische Gedanken im Weg? Zwei-fel und unbewusste Leitsätze bremsen uns häufig. Setzen Sie sich damit ause-inander und stellen Sie diesen immer wie-der neue, positive Erfahrungen dagegen. Bereits kleine Schritte in Richtung einer positiven Sicht der Dinge wird Ihr Selbst-wertgefühl spürbar verstärken. Und den-ken Sie daran: Idealen zu entsprechen kann manchmal Befriedigung auslösen – doch es entfernt Sie immer weiter von Ih-rem Ich. Man selbst zu sein bedeutet, dass man auch mal unbequem ist oder andere enttäuscht.

0–70: Ein geringes Selbstwertgefühl: In manchen Lebensbereichen können Sie sich nicht voll entfalten, da Ihr gerin-ges Selbstwertgefühl Sie daran hindert. Sie tun sich schwer damit, zu sich zu ste-hen und sich selber voll und ganz anzu-nehmen. Das können Sie ändern: Lernen Sie, Ihre Fehler und Schwächen anzuneh-men. Seien Sie weniger streng mit sich selbst, denn Fehler sind menschlich. Ma-chen Sie auch Ihrem Umfeld klar, dass Sie eigene Gefühle, Ideen und Bedürfnisse haben – das ist der erste Schritt auf dem Weg, mit allen Ecken und Kanten respektiert zu werden und zu sich selber zu stehen. Werden Sie aktiv und peilen Sie, Schritt für Schritt, den Weg zu einem guten Selbstbewusstsein an.

Ergebnisse der Säulen

Die Punktzahlen der Säulen zeigen Ihnen, wie stark Selbstwertschätzung, Selbstvertrauen und Selbstbehauptung bei Ihnen ausgeprägt sind.

- 41–45: sehr gut ausgeprägt
- 34–40: gut ausgeprägt
- 24–33: mittlere, schwankende Ausprägung
- 0–23: gering ausgeprägt

Bitte betrachten Sie die Ergebnisse der Selbstwertsäulen im Verhältnis zueinander. In welcher Säule liegen Ihre Stärken, in welcher Säule wollen Sie sich weiterentwickeln? Anregungen dazu bieten die dazugehörigen Selbstcoaching-Übungen.

Selbstwertschätzung
- Selbstwert-Landkarte (S. 25)
- Selbstannahme (S. 32)
- Meine Selbstwertquellen (S. 37)
- Eigenlob stimmt (S. 40)
- Selbstbewertung umwandeln (S. 42)
- (Sich selbst) ein guter Freund sein (S. 46)
- Sich etwas Gutes tun (S. 50)
- Meine Life Line (S. 56)

Selbstvertrauen
- Magic Moment (S. 64)
- Sich selbst ermuntern (S. 65)
- Komfortzone verlassen (S. 66)
- Innerer Kritiker (S. 68)
- Innere Erlaubnis (S. 69)

Selbstbehauptung
- Glücksmomente (S. 75)
- Glück und Selbstvertrauen (S. 77)
- Leuchttürme im Leben (S. 81)
- Grenzen ziehen (S. 86)
- Sprechen ohne Konjunktiv (S. 88)
- Experiment Erster Eindruck (S. 92)

Sie haben dieses Buch gekauft, weil Sie mehr darüber erfahren wollen, wie man das Selbstvertrauen verstärken kann. Durch den Test haben Sie erste Anregungen erhalten. Im Coaching kommen oft Menschen zu mir, die sich gar nicht erklären können, weshalb sie manchmal sehr empfindlich auf Kritik reagieren, sich selbst überkritisch betrachten oder aufgeregt und ängstlich auf Neues reagieren. Vielleicht erkennen auch Sie sich in der einen oder anderen Situation wieder?

Nur nicht ins Rampenlicht treten: Sie wollen Ihre Interessen vertreten, scheuen jedoch davor zurück, sich in Anwesenheit eines Publikums deutlich zu Wort zu melden. Im Nachgang ärgern Sie sich.

Zu Hause stark, im Job schüchtern: Obwohl Sie privat den Hut aufhaben und Autorität genießen, üben Sie im Beruf oft Understatement. Vielleicht haben Sie gelernt, sich vor Hierarchien oder Titeln beeindrucken zu lassen und bescheiden zu sein.

Kompetent und dennoch unsicher: Es taucht eine Frage oder ein Problem auf, das Sie schon einmal gelöst haben oder dessen Lösung Sie kennen. Ohne das Feedback oder das Okay von anderen zögern Sie jedoch.

Rundum selbstkritisch: Erfolge zu genießen liegt Ihnen nicht. Sie schreiben den Erfolg anderen zu oder suchen nach Fehlern bei sich selbst. Auch Komplimente

Jeder von uns kennt Situationen, in denen eine gewisse Selbstunsicherheit uns Chancen verbaut hat. Ist Ihnen der Ärger, den Sie im Nachgang über Ihre Zaghaftigkeit, Zurückhaltung oder das ewige Ja sagen empfunden haben, noch vor Augen? Lassen Sie sich gar nicht erst auf diesen Kreislauf des Grübelns ein! Konzentrieren Sie sich viel mehr auf Ihre Stärken, auf die Situationen, in denen Sie Ihre Interessen vertreten haben, Ihre Meinung klar äußerten und Mut gezeigt haben. Denn genau das ist der Schlüssel zur Veränderung: die Fokussierung auf das Positive, das Starke – auf all das, was Ihre Kräfte und Ihre Courage freisetzt.

wehren Sie sehr schnell ab, Sie betonen lieber Ihre Schwachpunkte.

Den anderen den Vortritt lassen: Gilt es, Vorschläge zu machen oder sich ein »Stück vom Kuchen« zu nehmen, lassen Sie so lange den anderen den Vortritt, bis Sie nicht mehr zum Zuge kommen. Das ärgert Sie danach – mal mehr, mal weniger.

Im Job sicher, privat unsicher: In Ihrer beruflichen Tätigkeit fühlen Sie sich rundum sicher. Sie vertreten Ihre Wünsche und Interessen. Geht es jedoch um Beziehung, Liebe, Freunde oder Familie, wissen Sie oft nicht, wie Sie die Dinge ansprechen oder anpacken sollen.

Der erste Schritt liegt darin, die Säulen unseres Selbstbewusstseins näher kennenzulernen und zu erfahren, welche Wechselwirkungen zwischen diesen Bereichen bestehen. Das Ziel des Workbooks ist es, Sie dabei zu unterstützen,

- Ihre Selbstwertschätzung zu erhöhen, indem Sie sich selbst mit Ihren Besonderheiten annehmen.
- Ihr Selbstvertrauen zu festigen, indem Sie Ihre Stärken, Talente und Fähigkeiten erkennen.
- Ihre Selbstbehauptung auszubauen, indem Sie Ihre Werte und Interessen selbstsicher vertreten.

Selbstwertschätzung – bedingungslose Akzeptanz

Ein positives Selbstkonzept zu haben bedeutet: Wir sollten das, was wir an uns selbst erkennen, auch mögen! Die Fähigkeit, sich selbst wertzuschätzen, ist am besten zu vergleichen mit einer bedingungslosen Zuneigung. Einer Zuneigung wie zu eigenen Kindern oder Menschen, die wir innig lieben. Bei einer solchen Zuneigung spielen Wohlwollen und Zuwendung eine große Rolle. Wir sind stets bereit zu verzeihen und es sind keine oder ganz wenige Bedingungen an diese Sympathie geknüpft. Warum fällt uns das bei unserer eigenen Person so schwer – diese bedingungslose Zuneigung? Immer wieder zu verzeihen? Sicher gibt es auch in Ihrem Leben einen Menschen, bei dem Ihnen dies fast von allein gelingt. Mit diesem Menschen fühlen Sie mit, Sie akzeptieren ihn mit seiner ganzen Lebensgeschichte und zweifeln nicht an seinem guten Willen. Sie können sogar Fehler verzeihen und kleine Schwächen als liebenswert ansehen. Diese Art der Zuneigung ist nicht zu verwechseln mit einer Idealisierung des anderen – nein, Sie sehen diese Person durchaus realistisch und finden sie dennoch liebenswert. Wenn Sie einen Moment diesem Gefühl nachgehen, wie wäre es, wenn Sie diese Haltung auch sich selbst gegenüber einnehmen könnten?

Selbstwertschätzung bedeutet ...

→ sich selbst als **Person mit Empathie** begegnen
→ den **eigenen Körper annehmen**
→ die eigene Geschichte annehmen
→ die eigene Person wertschätzen
→ sich im **Vergleich mit anderen gleichwertig sehen**
→ sich Fehler und Schwächen verzeihen

Selbstvertrauen – optimistisch und angstfrei sein

Während die Selbstwertschätzung sich nicht auf eine besondere Leistung oder Herausforderung bezieht, versteht man unter Selbstvertrauen die Überzeugung: »Das schaffe ich schon.« Die Psychologie spricht hier von Selbstwirksamkeitserwartung. Voraussetzung dafür ist, die eigenen Stärken und Schwächen zu erkennen, die eigenen Vorgehensweisen als hilfreich zu erleben und damit eine optimistische Haltung gegenüber Herausforderungen zu entwickeln. Denn Selbstvertrauen ist ein erlerntes Verhalten: Es basiert auf Erfahrungen und Wiederholungen.

Erinnern Sie sich zurück an eine Situation, vor der Sie zunächst Respekt hatten. Im Rückblick werden Sie feststellen, dass Sie, wenn es nötig war, immer wieder aus eigener Kraft einen zweiten und dritten Anlauf genommen haben, um die Situation zu meistern. Die Gedanken an den Mut und die Tatkraft, die Sie in diesen Krisen entwickelt haben, stärken Sie in Momenten, in denen Ihnen Ängste im Wege stehen.

Trainieren Sie das Zutrauen zu sich selbst. Indem Sie sich immer wieder kleine Herausforderungen suchen und sich dabei realistische, angemessene Ziele setzen, um diese zu meistern. Anschließend feiern Sie diese Erfolge auch als solche – und verankern sie fest in Ihren Gedanken, um sie jederzeit als Unterstützung in Situationen, in denen Sie sich unsicher fühlen, hervorzuzaubern.

Selbstvertrauen bedeutet…

→ die eigenen Stärken & Schwächen kennen
→ die eigenen Vorgehensweisen als wirksam erleben
→ Ängste überwinden – nach Niederlagen aktiv werden
→ Erfolge sich selbst zuordnen können
→ bei Herausforderungen: positiv realistische Sicht einnehmen

Selbstbehauptung – »Ja – ich will«

Die dritte Säule eines positiven Selbstbewusstseins ist die Fähigkeit der Selbstbehauptung. Für die eigene Sache einstehen, andere überzeugen, auch bei Rückschlägen auf Kurs bleiben, darin liegt die Kunst der Selbstbehauptung. Selbstbehauptung ist nicht gleichzusetzen mit der bloßen Durchsetzung eigener Wünsche. Sie besteht vielmehr darin, klar eigene Ziele auszudrücken und gleichzeitig Interessenkonflikte, Widersprüche und die Notwendigkeit von Kompromissen zu akzeptieren.

Selbstbehauptung bedeutet also zu wissen, wo die eigenen Bedürfnisse und Glücksquellen liegen und welche Werte diese verkörpern. Diese nachhaltig zu verfolgen bedeutet auch, sich abzugrenzen, Prioritäten zu setzen und »Nein« sagen zu können.

Besonders erfolgreich in der Selbstbehauptung sind Menschen, die andere überzeugen können. Sie erreichen oft ohne erheblichen Widerstand das, was sie für gut und richtig für sich selbst und andere halten. Erinnern Sie sich doch einmal an eine Situation, in der Sie ein deutliches »Ja – ich will!« geäußert haben, oder in der Sie freundlich, aber klar gesagt haben: »Es tut mir leid, nein!«

Wenn Sie Lust haben, können Sie diese klaren »Ja- und Nein-Situationen« notieren. So haben Sie Ihre starken Momente in unsicheren Phasen immer vor Augen.

SELBSTBEHAUPTUNG BEDEUTET ...

→ eigene Werte und Interesssen kennen und verteidigen

→ eigene Glücksquellen aktiv und nachhaltig verfolgen

→ die eigenen Grenzen kennen – »Nein-sagen«

→ sich sprachlich klar und selbstbestimmt ausdrücken

→ andere überzeugen und begeistern

Selbstcoaching-Übung:
Selbstwert-Landkarte

Stellen Sie sich vor, Ihr Innenleben, Ihre Überzeugungen und Ihr Selbstbild seien eine Insel. Auf dieser Insel sind Ihre Haltungen sich selbst gegenüber in Form von Glaubenssätzen abgebildet. Kennen Sie solche Sätze? Tief in uns verankert sind meist einschränkende, oft unbewusste Leitsätze wie »Ich kann nicht ...« oder »Ich darf nicht ...«. Diese Einstellungen wirken auf unser Handeln wie automatische Abwehrmechanismen und können uns Wege erschweren. Leider lassen sie sich durch reine Überlegungen nicht so leicht verändern, denn sie haben sich über Jahre hinweg aus unserer Erziehung, dem Einfluss der sozialen Umgebung und unseren Lebenserfahrungen gebildet. Lediglich neue Erfahrungen, die mit Emotionen verknüpft sind, geben unserer inneren Landkarte eine veränderte Form. Das Gestalten dieser Landkarte kann schon die erste neue Erfahrung sein. Nach etwas Übung und dem Ausbauen der neuen Wege entsteht dann nach und nach auch ein stabiles, aber verändertes Bild von uns selbst. Fassen wir also einen Entschluss, die Hindernisse auf dem Weg zu einem positiven Selbstbewusstsein zu überwinden: Dazu sind manchmal Brücken, zeitweise Umwege und vereinzelt auch ein beherzter Sprung die richtigen Mittel.

Benennen Sie im ersten Schritt die hinderlichen Glaubenssätze, die Sie aus dem kritischen Selbstgespräch kennen. Am deutlichsten werden diese, wenn Sie an sich zweifeln. Sie können sich auf Ihre Leistungsfähigkeit, Ihr Können, Ihre soziale Anerkennung, Ihren Körper, Ihre Belastbarkeit und Ihre Wertigkeit beziehen. Auf der übernächsten Seite finden Sie dafür Platz.

Und dann kommt für Sie der kreative Teil der Aufgabe: Zeichnen Sie in die Landkarte auf der nächsten Seite einige »Schatzkisten« ein mit Zielen, die Sie erreichen wollen. Gestalten Sie dann die Wege und beschriften Sie diese mit positiven, hilfreichen Glaubenssätzen und Überzeugungen, die Ihnen Sicherheit, Zuversicht und Ermunterung geben.

SELBSTWERT
Landkarte

Ich werde mein ZIEL erreichen, weil:

_____

START

Ich nehme mir vor:

_____

_____

_____

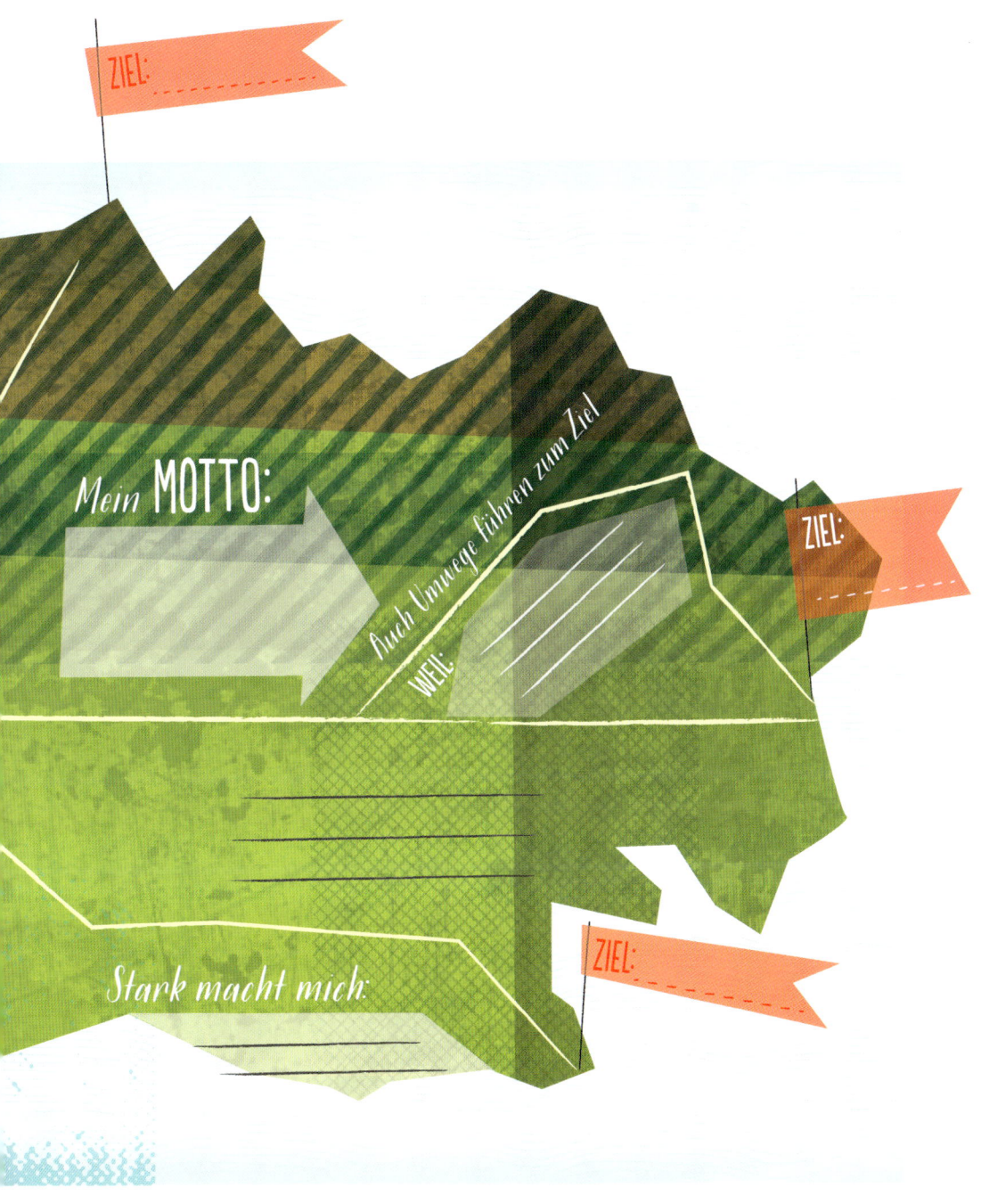

ZIEL:

Mein MOTTO:

Auch Umwege führen zum Ziel

WEIL:

ZIEL:

ZIEL:

Stark macht mich:

Meine Stolpersteine und Hindernisse auf dem Weg zu einem positiven
Selbstbild zeigen sich in diesen Glaubenssätzen:

Mit Selbstcoaching zu mehr Selbstvertrauen

Sie haben mit der Darstellung Ihrer Selbstwert-Landkarte bereits einen ersten Selbstcoaching-Erfolg erzielt. Denn Sie waren aktiv und haben an sich gearbeitet, indem Sie alte Glaubenssätze hinterfragen und sich neue Ziele gesetzt haben. Warum Ihnen das so gut gelungen ist? Weil Sie bereits alles in sich tragen, um sich selbst ein eigener guter Coach zu sein. Wir Menschen können uns nicht nur in andere einfühlen und damit Beziehung und Freundschaft entwickeln – wir sind neben einigen Primaten als einzige Lebewesen in der Lage, uns selbst zu beobachten! Dies eröffnet uns erstaunliche Möglichkeiten: Wir können über die eigene Situation reflektieren und bei der Beobachtung unseres eigenen Verhaltens auch eine gewisse Neutralität entwickeln.

Praktische Schritte zu einem gelungenen Selbstcoaching

Vom Problem zur Lösung: Bestimmen Sie Ihr Ziel und werden Sie dabei ganz konkret: Woran – in welcher Situation, an welchem Verhalten oder Gefühl – machen Sie für sich ein stärkeres Selbstbewusstsein fest? Notieren Sie hier Ihre Coachingziele.

Neugierig und interessiert – ein guter Coach arbeitet mit Fragen:

Was oder wer unterstützt mich dabei, selbstbewusster zu werden?	....
Welche Haltung hindert mich?	....
Was wäre der erste Schritt?	....
Was würde es mir vereinfachen, mich selbst anzunehmen?	....

Geduld statt Druck: Bauen Sie keinen Druck auf, denn Druck erzeugt immer Gegendruck. Veränderungen brauchen Zeit und Geduld für kleine Schritte. Was wäre Ihr allererster, kleiner Schritt in Richtung hin zu mehr Selbstbewusstsein?

....

....

....

Konsequent bleiben: Lassen Sie sich nicht alles durchgehen und bleiben Sie sich selbst gegenüber verbindlich. Das würde auch ein Coach von Ihnen einfordern. Und: Behandeln Sie sich selbst mit Wertschätzung und Respekt für Ihren Veränderungsprozess und halten Sie Ihre Erfolge und Meilensteine fest! Auf der Seite 33 haben Sie reichlich Platz dafür. Das müssen nicht immer »große Geschichten« sein. Es zählen hier auch kleine Schritte in Richtung Selbstvertrauen.

Den inneren Beobachter als Coach aktivieren

Unsere Außenwelt erfassen wir durch unsere fünf Sinne. Das Werkzeug für den Blick in unsere Innenwelt ist der »innere Beobachter«. Wie ein Augenzeuge nimmt er unsere Empfindungen, Gefühle und Gedanken einfach wahr, ohne sie sofort zu interpretieren oder zu werten. Diese Art der Aufmerksamkeit fördert ein klares Erkennen des eigenen »Ichs«.

Leider hält dieser Zustand oft nur einige Minuten an. Doch genau diese kleine Zeitspanne sollten wir nutzen: In dieser Phase, in der wir nach innen horchen und nur beobachten, was in diesem Augenblick in uns vorgeht – ohne jede Beurteilung –, handeln wir überlegt. Im selben Moment können wir beobachten, wie sich unsere Einschätzungen und Empfindungen wandeln, welche davon spontan auftreten, welche dauerhaft sind.

So bewusst und gegenwärtig handeln wir selten – meist sind wir getrieben von spontanen Gedanken und Impulsen, festen Leitsätzen und lassen uns von diesen mitreißen. Wollen Sie Ihren inneren Coach trainieren? Dafür sind nur drei Schritte notwendig:

- Beobachten,
- Beschreiben,
- Akzeptieren.

Üben Sie sich darin, Ihre Wahrnehmung nur zu beobachten, nicht zu bewerten. Auch wenn es um Gefühle geht, die Sie vielleicht als unangenehm empfinden – lassen Sie diese einfach so stehen. Mit diesem Vorgehen befreien wir uns davon, eine Situation als »gut« oder »schlecht« in unserem Inneren zu verankern und zu einem negativen Leitsatz werden zu lassen. Stattdessen machen wir uns bewusst, dass wir mehr sind als ein momentaner Zustand. Dieser augenblickliche Zustand kann und wird sich wieder verändern. Klingt kompliziert? Ist es aber nicht. Alles, was wir tun müssen, ist, den Augenblick zu akzeptieren. Atmen Sie ganz bewusst ein und aus. Und lassen Sie die Vorstellung ziehen, dass in diesem Augenblick irgendetwas anders sein sollte.

Der innere Beobachter kommt in verschiedenen psychologischen Konzepten vor und wird manchmal auch als »Selbst«, »Dirigent« oder »Pilot« bezeichnet. Auch die buddhistische Psychologie kennt die Instanz und nennt sie »Gewahrsein«. Das Trainieren dieser inneren Haltung macht uns gelassener.

Selbstcoaching-Übung: Selbstannahme

Mit etwas Übung lässt uns der innere Coach auch eine hurmorvolle Distanz zu den vielen Kleinigkeiten des Alltags einnehmen. In diesem Zustand wird unser Blick auf das wirklich Wichtige geschärft, wir können auf unser Wissen um die Dinge, auf unsere »Weisheit« zugreifen. Das Verweilen in der Beobachterhaltung ermöglicht ein Aussteigen aus automatischen Bewertungen. Es macht eine neue, reflektive Sichtweise unserer eigenen Person und Situation möglich.

Zum Beispiel:

- Da ist Angst, zu versagen. Ich bin mir bewusst, dass ich mehr bin als diese Angst. Ich bewerte die Angst weder als gut noch als schlecht.
- Da ist das Gefühl, ich sollte mir mehr zutrauen. Ich bin mir bewusst, dass ich mehr bin als diese Empfindung. Ich benenne dieses Gefühl weder als gut noch als schlecht.

☑ Nehmen Sie sich – am besten abends – einige Minuten Zeit und kommen Sie zur Ruhe.

☑ Atmen Sie drei Mal tief ein und aus.

☑ Richten Sie Ihre Aufmerksamkeit auf Ihre Gedanken, Zweifel und Emotionen rund um Ihr Selbstvertrauen. Einfach nur wahrnehmen.

☑ Benennen Sie Ihre Gedanken und Gefühle möglichst neutral.

☑ Falls Ihre Gedanken abschweifen: Kommen Sie zurück zu Ihrer Atmung und nehmen Sie drei bewusste tiefe Atemzüge.

☑ Beenden Sie die Übung nach 5 Minuten mit dem Satz: »Bei allem, was ich denke und fühle: Ich akzeptiere mich so, wie ich bin.«

Meine
Erfolge & Meilensteine

SICH
SELBST
WERTSCHÄTZEN

Selbstwertquellen – lassen Sie sie sprudeln

Machen Sie sich frei von Bewertungen anderer!

Sich selbst mögen, sich toll oder »ganz in Ordnung« finden – wovon hängt diese Bewertung eigentlich ab? Es fällt auf, dass Menschen, die mit hoher Bescheidenheit leben, oft große Zufriedenheit ausstrahlen. Im Kontrast dazu kennen wir Personen, die an sich selbst zweifeln, obwohl sie für ihre Leistungen von anderen beneidet werden.

Woran liegt das? Selbstwertschätzung ergibt sich aus dem Vergleich zwischen realer Leistung und Erfolg und dem Anspruch an uns selbst. So kann es sein, dass eine noch so herausragende Leistung von uns selbst als ungenügend gesehen wird. Unzufriedenheit und ein geringes Selbstwertgefühl entstehen also, wenn unser reales Selbst eine große Kluft zu dem inneren »idealen Selbst« aufweist.

Was aber ist dieses »ideale Selbst«? Es ist das Ideal, das wir von uns haben, geprägt durch Eigenschaften, die von den meisten Menschen geschätzt werden: sympathisch, erfolgreich, kompetent, attraktiv, vertrauenswürdig sein. Diese Eigenschaften öffnen uns Türen und lassen uns zu einem akzeptierten Teil einer Gruppe werden. So sind zwei Bedürfnisse gewährleistet: Etwas anzustreben, was gut ankommt, verspricht neben gesellschaftlicher Anerkennung auch Wertschätzung von außen. Forscher haben ermittelt, dass unser Selbstbild in drei wichtigen Bereichen entsteht und verstärkt wird:

Selbstcoaching-Übung:
Meine Selbstwertquellen

Bitte fragen Sie sich:
- Wie zufrieden bin ich mit meinem Bildungs- beziehungsweise Studien-abschluss?
- Wie akzeptiert fühle ich mich von Freunden und Kollegen?
- Wie geliebt fühle ich mich in Partner-schaft und Familie?
- Wie zufrieden bin ich mit meiner Fit-ness, meinen sportlichen Leistungen?
- Wie attraktiv finde ich mich?

Geben Sie dann auf einer Skala von 1 (kaum) bis 10 (sehr) eine spontane Einschätzung ab. Diese können Sie in die Grafik auf der nächsten Seite eintragen.

Nutzen Sie Ihre Selbsteinschätzung
Sie haben jetzt die positiven äußeren Quellen Ihres Selbstwerts, die gut ausgebaut sind, notiert und sich nochmals vor Augen geführt. Lassen Sie sich in das gute Gefühl der Zufriedenheit mit diesen Bereichen »hineinfallen« und lassen Sie sich davon stärken. Damit Sie auch weiterhin aus diesem Bereich Kraft ziehen können, müssen Sie dranbleiben und diese Selbstwertquelle erhalten.

- Leistung, zum Beispiel die Position im Job und das Gehalt, der Bildungsgrad oder besondere Talente
- Beziehung, zum Beispiel die Größe des Freundeskreises, der eigene Beliebtheitsgrad, das Miteinander in Partnerschaft und Familie. Selbst die Attraktivität des Partners kann eine Selbstwertquelle sein.
- Körper, zum Beispiel Sportlichkeit, die Figur, körperliche Attraktivität und der Kleidungsstil

In der folgenden Übung können Sie feststellen, welche äußeren Selbstwertquellen Ihnen zur Stärkung Ihres Selbstvertrauens dienen und von welchen Sie sich eher unabhängig machen sollten.

Bei den Bereichen, in denen Sie Defizite verspüren, prüfen Sie bitte: Woher kommen diese Vorstellungen darüber, wie oder was Sie eigentlich sein sollten? Sind das Ihre eigenen Werte oder übernommene Leitsätze? Wie realistisch sind diese Maßstäbe, die Sie da anlegen, um Ihrem »idealen Selbst« näher zu kommen?

Wollen Sie diese Defizitbereiche verbessern? Dann stecken Sie sich bitte realistische Ziele und legen kleine Schritte fest. Und denken Sie daran: Jeden auch noch so kleinen Schritt sollten Sie wertschätzen und festhalten. Seien Sie gut zu sich und loben Sie sich stets selber – auch für kleine Erfolge!

Äußere Selbstwertquellen – der Vergleich

»Wenn du unglücklich werden willst, vergleiche dich mit anderen«, sagte einmal ein tibetischer Mönch zu mir.

Vor allem der Vergleich bestimmt das Idealbild, das wir von uns haben. Stets messen wir uns in Leistung, sozialen Beziehungen und dem äußeren Erscheinungsbild mit anderen. Das ist nichts Neues und zutiefst menschlich, denn der Vergleich gibt uns Orientierung. Er kann uns zudem anspornen, etwas Neues zu lernen und unser Können zu verbessern.

Problematisch wird es, wenn wir unseren Selbstwert aus Vergleichen ziehen und den Maßstab für unsere Selbstbewertung bei anderen suchen. Wenn Sie denken: »Meine Kollegin bekommt ein höheres Gehalt für dieselbe Arbeit«, dann denken Sie in Wirklichkeit: »Durch mein geringeres Einkommen werde ich weniger wertgeschätzt.« Das vorschnelle Fazit lautet: »Ich bin weniger wert!« Und schon entstehen Gefühle von Minderwertigkeit.

Es spielt hierbei eine große Rolle, mit wem wir uns vergleichen: Die Wissenschaft spricht vom »Großer Fisch in kleinem Teich«-Effekt: In einem Teich mit kleinen Fischen fühlt sich der Fisch sehr groß. Derselbe Fisch in einem Schwarm sehr großer Fische fühlt sich viel kleiner.

Der Vergleich mit anderen hat also seine Tücken. Messen wir uns an Unerreichbarem, bleibt unser Selbstwertgefühl immer im Tal. Messen wir uns immer an Schwächeren, werden wir vielleicht überheblich und vermeiden neue Herausforderungen. Hier gilt es, die Messlatte richtig einzustellen. Wie das geht?

Suchen Sie den Vergleich mit anderen nur, wenn Sie »in der gleichen Liga spielen«, und auch nur dann, wenn der Vergleichsmaßstab messbar ist. Dies ist zum Beispiel im Sport möglich.

Denken Sie daran: Selbst wenn Sie Stärken mit Stärken vergleichen, kann es immer jemanden geben, der besser ist als Sie. Ärgern Sie sich nicht darüber. Fragen Sie sich vielmehr: Warum will ich mich vergleichen? Brauche ich einen Ansporn? Fehlt mir ein Erfolgserlebnis? Oder wünsche ich mit mehr Bestätigung und Wertschätzung?

Lassen Sie den Vergleich in sozialen Rollen ganz fallen! Die »bessere Mutter«, der »bessere Freund« zu sein führt sie weit weg von Ihrer eigenen Persönlichkeit – Ihr Selbstwert wird auf Dauer darunter leiden.

Das gilt auch für das Aussehen: Der Gedanke, »attraktiver oder weniger attraktiv« zu sein als andere, führt zu viel seelischem Leid – früher oder später!

Üben Sie sich darin, anderen Ihre Erfolge zu gönnen und sich mit Ihnen zu freuen. Das ist ein Zeichen von Stärke und Selbstsicherheit. Überwinden Sie vorhandene Neidgefühle, indem Sie sich klarmachen, dass Sie diese sie in eine Selbstentwertungsspirale hineinführen.

Erkennen Sie Ihre eigenen Stärken. Lenken Sie Ihr Bewusstsein auf das, was Sie gut können – statt auf Ihre Defizite. Bauen Sie Ihre Stärken weiter aus und seien Sie stolz darauf! Dann haben Sie es irgendwann nicht mehr nötig, sich zu vergleichen. Höchstens auf die gesunde Art, bei der man sich selbst nicht abwertet, aber auch nicht über andere stellt.

Selbstcoaching-Übung:
Eigenlob stimmt

Mit dieser Übung richten Sie Ihre ganze Aufmerksamkeit auf Ihre Fähigkeiten und positiven Eigenschaften. Bitte nehmen Sie sich ein wenig Zeit und schreiben Sie die klassischen Alltagssituationen auf, die Sie täglich bewältigen.

Und dann loben Sie sich von Herzen für Ihre Motivation, Ihre Fähigkeiten und Ihre Eigenschaften. Am besten schreiben Sie die Liste immer weiter fort, sodass Sie bald eine ausführliche Liste an Eigenlob erstellt haben.

Mein Eigenlob

Meine Aufgabe im Alltag	Meine Fähigkeiten und Stärken	Mein Lob
Mein Beruf als Kundenberaterin	Ausdauer, Geduld, Sachlichkeit, Hilfsbereitschaft, Genauigkeit	Du machst das toll, dich jeden Tag neu zu motivieren und dabei noch freundlich zu sein!
Meine Rolle als Mutter	Einfühlung, Liebe, Einsatz, Konsequenz, Organisationstalent	Dein Einsatz und deine Motivation, mit aller Kraft für deine Kinder da zu sein, sind eine tolle Leistung!

Innere Selbstwertquellen – die Glaubenssätze

Noch etwas bestimmt unser Selbstwertgefühl: Unsere fest verankerten Glaubens- und Leitsätze wie »Ich bin nur schön, wenn ich schlank bin« oder »Nur wenn ich Leistung bringe, bekomme ich Anerkennung«. Viele dieser Gedankenmuster und Verallgemeinerungen begleiten uns seit der Kindheit.

Bereits im Kindergarten vergleichen wir uns mit den anderen Kindern, um uns einzuordnen. In der Pubertät suchen wir den Vergleich noch stärker, um uns einer Gruppe zuzuordnen oder uns abzugrenzen. Fällt dieser Vergleich häufig oder in besonders sensiblen Entwicklungsphasen ungünstig aus, kann dies in unserem Selbstbild tiefe Spuren hinterlassen.

Spätestens mit der Berufsausbildung oder dem Studium treten wir dann in eine stark von Leistung geprägte Welt ein. Bildungsstand, Beruf, Einkommen, Status, Partnerschaft, Sport, Aussehen – kaum ein Bereich wird nicht unter dem Leistungsaspekt bewertet. Was also tun? Sie können diese Selbstwerthindernisse aus dem Weg räumen, indem Sie die negativen Leitsätze umformulieren ins Positive.

Selbstcoaching-Übung: Selbstbewertung umwandeln

Bitte lassen Sie Ihre Gedanken schweifen und beantworten Sie sich folgende Fragen:
- Was wurde als Kind von mir erwartet, was wurde gelobt, was kritisiert?
- Was bewundere ich an anderen Menschen?
- Was verachte oder kritisiere ich an anderen Menschen?

Bitte überprüfen Sie diese Eigenschaften. Wollen Sie sich (weiterhin) an diesen messen? Wenn Sie zweifeln, lassen Sie diese Bewertungen los.

Das könnte zum Beispiel so aussehen:
- »Als Kind sollte ich immer brav und angepasst sein«: Heute ist mir das nicht mehr wichtig. Ich bin stolz auf mich, wenn ich ehrlich und authentisch bin!
- »Leistungssportler sind einfach bewundernswert«: Zum Leistungssportler bin ich nicht geboren. Aber in meiner Liga kann ich gut mithalten. Ich mag auch meine anderen Talente sehr.

Auf der nächsten Seite haben Sie Raum, Ihre Bewertungen festzuhalten und gleichzeitig loszulassen.

Meine Bewertungen	Möchte ich mich (weiterhin) daran messen?	Mein Loslassen

Schließen Sie mit sich selbst Freundschaft

Lernen Sie sich selbst neu kennen und schätzen!

Freundschaft hat viele Facetten und Formen. Für die meisten Menschen sind Freunde ein wichtiger Faktor in ihrem Leben. Forscher verstehen unter Freundschaft eine freiwillige, persönliche Beziehung, die auf gegenseitiger Sympathie, Vertrauen und Unterstützung beruht. Vieles kann zu einer Freundschaft führen – doch nur ein einziger Faktor bestimmt, wer von Ihnen auch nach Jahren noch als »bester Freund« oder »beste Freundin« bezeichnet wird: das Empfinden, von ihm oder ihr in der eigenen Identität erkannt, anerkannt und bestätigt zu werden. Wir wählen also Freunde nicht deshalb aus, weil sie so einmalig sind, sondern weil sie uns das Gefühl geben, einmalig zu sein.

Was bedeutet für mich Freundschaft?

Gute Freunde sind in Stress und Krisen oft die rettende Insel. Eine britische Studie zeigte auf, dass schon der bloße Gedanke an unsere Freunde dazu führen kann, dass wir vor großen Aufgaben Zuversicht entwickeln.

Was bedeutet Freundschaft für Sie? Halten Sie kurz inne und denken Sie darüber nach. Notieren Sie hier, was Sie sich von einer guten Freundin oder einem guten Freund wünschen:

....

....

Sie dürfen sich glücklich schätzen, wenn Sie selbst ein guter Freund oder eine gute Freundin für jemanden sind. Es ist etwas sehr Wertvolles, wenn man sich um andere kümmert und für Freunde da ist. Doch oft bleibt man selber dabei auf der Strecke und vergisst sich. Denn häufig sind Menschen, die sehr liebevoll mit anderen umgehen, sich selbst gegenüber sehr kritisch und unfreundlich. Sie verzeihen sich kleine Schwächen kaum und zweifeln häufig an den eigenen Stärken.

Es ist manchmal so, dass wir uns selbst nicht so viel Zuwendung zukommen lassen wie anderen. Doch wenn wir uns um uns selber zu wenig kümmern, nicht gut zu uns sind, wirkt sich dies negativ auf unser Selbstbild aus. Denn kurz gesagt, nehmen wir uns damit nicht wichtig genug. Und das verschlechtert auf Dauer unsere Selbstwertschätzung. Wie also kann es gelingen, sich selbst ein guter Freund zu sein?

Wenn Sie nun daran denken, was Sie selbst für gute Freunde tun, dann sind dies vielleicht Dinge wie:
- Ich bin für den anderen da.
- Ich mache Mut in schwierigen Situationen.
- Ich sehe die Stärken des anderen.
- Ich glaube an sein Potenzial.
- Ich verzeihe kleine Schwächen.
- Ich machen kleine Geschenke.
- Ich gebe ehrliches Feedback.

Vertrauen. Sich selbst zu vertrauen, wie Sie es in einer guten Freundschaft tun, bedeutet: für sich selbst da zu sein, sich selbst Zeit widmen, sich selbst etwas zuzutrauen! Dieses Buch bietet Ihnen viele Ansatzpunkte, um dieses Vertrauen zu stärken. Üben Sie sich täglich darin! Und denken Sie daran: Wie in einer guten Freundschaft sollten Sie »Verabredungen mit sich selbst« einhalten und stets ehrlich zu sich sein.

Verstehen. Sich selbst zu verstehen ist einfach und schwierig zugleich. Einerseits kennen wir uns sehr gut, andererseits bleiben wir uns selbst in mancherlei Hinsicht auch immer ein Rätsel. Aber Sie wissen ja jetzt, wie Sie die eigenen Emotionen und Reaktionen besser verstehen können: mithilfe des inneren Beobachters. Dieser wohlwollende Coach in uns selbst, der uns hilft, uns besser kennenzulernen und zu verstehen. Aus diesem Verstehen und der Selbstannahme (so bin ich und so akzeptiere ich mich!) erwachsen Bewusstheit und Vertrauen in uns selbst.

Verzeihen. Sich selbst etwas zu verzeihen scheint oft schwierig – manche Entscheidung, manches Verhalten bereuen wir. Oft können wir unser Verhalten, das vielleicht nicht ganz korrekt war, einfach nicht vergessen. Es tauchen Schuld- oder Schamgefühle auf. Dabei ist es sehr hilfreich und wohltuend, hier Ordnung zu schaffen: Es gibt drei Formen, wie wir mit diesen Gefühlen umgehen können. Die erste lautet: Sei großzügig mit dei-

nen kleinen menschlichen Schwächen! Mach dir bewusst, dass Menschen erst durch kleine Makel interessant werden. Die zweite heißt: Wenn du wirklich jemandem Unrecht getan haben – bitte ihn um Verzeihung. Die dritte lautet: Für ein nicht mehr zu korrigierendes Ereignis gilt, loszulassen und neue Wege zu suchen.

Selbstcoaching-Übung: (Sich selbst) ein guter Freund sein

Diese Übung besteht aus zwei Teilen. Sie lässt sich wunderbar in Ihren Alltag einfügen. Fragen Sie zunächst ein oder zwei gute Freundinnen: »Sag mal, weshalb bist du mit mir befreundet – was schätzt und magst du an mir?« Im zweiten Schritt nehmen Sie sich abends einmal 10 Minuten Zeit und notieren Sie für sich, was Ihre Freunde an Ihnen schätzen, was Sie an sich selbst schätzen und welche kleinen Fehler und Schwächen Sie sich verzeihen.

Sollte Ihnen beim »Verzeihen« keine »gute Begründung« einfallen, beenden Sie den Satz mit »weil ich sonst ganz in Ordnung bin« oder »weil ich nichts Böses beabsichtigt habe«.

Meine **Freunde** schätzen an mir, dass ich ...

_____

_____

_____

Ich selbst **schätze an mir**, dass ich ...

_____

Schwächen und **kleine Fehler**, wie ...

_____

kann ich mir **verzeihen**, weil ...

_____

_____

Tun Sie sich selbst etwas Gutes

Verwöhnen Sie sich manchmal selbst? Sorgen Sie für sich und Ihren Körper? Treffen Sie Entscheidungen in Ihrem Sinne? Tun Sie oft das, was Ihnen Spaß macht? Wissen Sie denn, was Ihnen so richtig guttut?

Sollten Sie viele spontane Antworten auf diese Fragen haben, dann haben Sie eine sehr gute Basis, sich selbst zu zeigen, dass Sie sich mögen. Mit der Fähigkeit, sich selbst etwas Gutes zu tun, sind aber nicht nur die kleinen Freuden des Alltags gemeint. Sondern eine umfassende Sorge, die alltägliche Bedürfnisse ernst nimmt, aber auch langfristige Bedürfnisse beachtet. Fragt man Menschen »Was tut Ihnen gut?«, geben sie oft Antworten wie: ein gutes Essen, ein Vollbad, ein Spaziergang, Sport – oder auch ein gutes Buch lesen, mit Freunden zusammen sein. Hinter diesen kurzfristigen Bedürfnissen stehen oft auch tiefer gehende Wünsche: Bewegung, Ruhe, Lernen, Anregung, Gesundheit, Gemeinschaft.

Wie geht es Ihnen? Obwohl wir wissen, was uns guttut, bleiben wir häufig an eher banalen Vergnügungen hängen wie, die TV-Programme durchzuzappen, etwas im Internet zu bestellen, eine Buchseite zu lesen und dabei einzuschlafen, ein Glas Wein mehr zur Entspannung zu trinken. Spontane Bedürfnisse zu erfüllen, ist demnach nicht immer gut für uns, da es den langfristigen Zielen im Wege steht. Ist eine wichtige Selbstwertquelle für Sie beispielsweise ein guter Studienabschluss, wird eine »das gönn ich mir mal«-Haltung auf Dauer nicht von Vorteil sein. Es gilt also, eine angemessene, kluge Mischung zu finden.

Auf den Körper hören

Unser Körper vermittelt uns die unterschiedlichsten Bedürfnisse: Bewegung, Pflege, Selbstfürsorge, Streicheleinheiten, Ruhe, Nahrung, Sinneswahrnehmung, Sinnlichkeit. Was Ihr Körper braucht, lässt er Sie genau spüren. Hören Sie auf seine Botschaften! Jede Aufmerksamkeit, die Sie Ihrem Körper widmen, kann Ihren Selbstwert auf sehr direkte Weise stärken.

Vorausgesetzt, Sie stehen sich selbst freundlich gegenüber – denn der Körper kann auch eine Quelle der Selbstkritik und Härte gegenüber uns selbst sein.

Gemeinschaft ist wichtig

Beziehung, Bindung und Verbundenheit – diese Bedürfnisse ziehen sich durch unser Leben; wenn wir Kind sind, garantiert es sogar unser Überleben. Nehmen Sie sich Zeit und Raum für diese Bedürfnisse. Stellen Sie Gemeinsamkeiten mit Ihren Liebsten her, pflegen Sie Ihre Partnerschaft und Ihre Freundschaften.

In manchen Fällen können Beziehung und Bindung uns aber auch schwächen. Treffen wir auf Abwertung oder Druck, dann hilft manchmal nur Abgrenzung oder Loslösung, um wieder den eigenen Selbstwert zu empfinden.

Zeit und Raum für sich selbst

Als Gegenspieler zur Geborgenheit stellt sich das Bedürfnis nach Freiheit, Autonomie und Selbstbestimmung dar: »In Ruhe gelassen werden«, frei verfügbare Zeit, Entscheidungsfreiheit und Unabhängigkeit. Menschen, die diese Bedürfnisse negieren, verspüren häufig ein Gefühl von Enge oder gar von Selbstaufgabe. Wie geht es Ihnen mit diesem Punkt? Vielleicht würden Sie sich gerne mehr Raum verschaffen? Oder fühlen Sie sich manchmal zu unabhängig und wünschen sich mehr (An-)Teilnahme von anderen?

Mit den Augen eines Kindes

Erkunden, Experimentieren, Lernen – dieses Lebensgefühl geht uns im Erwachsenenalter manchmal verloren. Das ist schade, denn es ist die Grundlage für einen permanenten Lern- und Entwicklungsprozess. »Umwege erweitern die Ortskenntnis«, sagt dazu Kurt Tucholsky. Einfach einmal etwas nur aus Spaß tun, ohne großes Ziel, wie ein Kind. Im Augenblick leben, experimentieren, sich selbst ausprobieren – gönnen Sie sich diesen Zustand so oft wie möglich. Er vermittelt ein sofortiges Gefühl von Vitalität und schenkt Zufriedenheit.

Sicherheit versus Risiko

Jeder Mensch ist mit einem Sicherheitsbedürfnis ausgestattet. Dieses Bedürfnis steht in einem ganz direkten Bezug zu unserem Selbstvertrauen. Respektieren wir es zu wenig, steigt Unsicherheit und Zweifel an. Respektieren wir es zu stark, bleiben wir hinter unseren Möglichkeiten. Wollen Sie sich in dieser Hinsicht etwas Gutes tun, gilt es herauszufinden, wie Ihr Bedürfnis am besten befriedigt wird: mit mehr Gleichklang, Ritualen, Wiederholungen – oder eher mit mehr Veränderung und bewussten Risiken?

Sinn tut gut

Wir Menschen wollen Sinnhaftes tun und fühlen uns am besten, wenn dies mit unseren Werten übereinstimmt. Etwas Gutes tun heißt also auch gleichzeitig, sich selbst etwas Gutes zu tun! Die Anforderungen der Berufswelt, das Familienleben und Forderungen von außen zwingen uns oft zu Kompromissen. Wie sieht das bei Ihnen aus? Nehmen Sie sich Zeit für das, was Sie wirklich wichtig finden. In dem Moment, wo Sie »stolz« auf sich sein können, weil Sie Ihren Werten gefolgt sind, steigt auch Ihr Selbstwertgefühl.

Die eigene Wertschätzung

Status, Anerkennung und Wertschätzung zu erreichen ist für viele Menschen eine Quelle des Wohlbefindens und des Selbstvertrauens. Wie geht es Ihnen damit? Fühlen Sie sich ausreichend anerkannt oder empfinden Sie ein Defizit an Wertschätzung? Ein Warten auf positives Feedback von außen ist leider keine verlässliche Wurzel für Ihren Selbstwert. Vielmehr sollten Sie Anerkennung auch einmal einfordern und die positive Haltung sich selbst gegenüber ausbauen.

Keine Angst vor Verantwortung

Verantwortung zu tragen, Dinge zu gestalten und Einfluss zu nehmen sind für viele Menschen unabdingbare Voraussetzungen für ein positives Selbstgefühl. Wichtig zu sein heißt dann auch, sich selbst als wichtig und wertvoll anzusehen. Bitte beachten Sie: Wenn Sie Verantwortung und Einfluss übernehmen, steigt auch Ihre Möglichkeit, messbare Erfolge zu erzielen. Schrecken Sie also nicht zurück und überwinden Sie die Angst vor Misserfolg!

Selbstcoaching-Übung:
Sich etwas Gutes tun

Jetzt sind Sie an der Reihe: Ergänzen Sie die Sätze auf der nächsten Seite! Hinter jedem Satz verbirgt sich ein Potenzial für mehr Lebenszufriedenheit. Wichtig ist, dass Sie möglichst konkrete Beispiele finden, die Sie im Alltag umsetzen können. So erhalten Sie ein wunderbares Repertoire an Dingen, die Ihnen guttun und Ihnen somit Kraft schenken. Setzen Sie, soviel davon möglich ist, in die Tat um.

So richtig Spaß habe ich, wenn ich …

Meinem Körper will ich etwas Gutes tun,
indem ich …

Das Gefühl von Verbundenheit mit Menschen
möchte ich stärken, indem ich …

Mehr Freiheit und Autonomie würde ich
verspüren, wenn ich …

Erforschen, experimentieren, spielerisch lernen
würde ich gerne, indem ich …

Um mich sicherer zu fühlen, würde es guttun,
wenn ich …

Etwas Gutes für die Gesellschaft zu tun,
täte mir gut. Am liebsten würde ich …

Anerkennung und Wertschätzung kann ich mir
selbst vermitteln, indem ich …

(Mehr) Verantwortung zu übernehmen und
messbare Erfolge zu erzielen, kann ich
ermöglichen, wenn ich …

Nehmen Sie den eigenen Körper an

Eine wichtige äußere Selbstwertquelle ist für viele Menschen das eigene Aussehen, die körperliche Leistung oder die Attraktivität im Vergleich mit anderen. Selbstwert und Körperbewertung stehen für diese Menschen in einer engen Wechselwirkung. Wie sieht das bei Ihnen aus? Beantworten Sie dazu die Fragen in der Tabelle.

Wie zufrieden bin ich mit meinem Körper? Wie attraktiv empfinde ich mich?

	sehr zufrieden	zufrieden	teil/teils	unzufrieden	sehr unzufrieden
Attraktivität					
Fitness					
Figur					
Gewicht					

Sehr zufrieden und zufrieden: Feiern Sie die Punkte, mit denen Sie glücklich und im Reinen sind! Sie können diese auch als inneren Ausgleich für Unzufriedenheitspunkte nutzen. Vor allem aber: Freuen Sie sich über Ihr gutes Verhältnis zu Ihrem Körper!

Teils/teils: Betrachten Sie genauer, wo Zufriedenheit, wo Unzufriedenheit vorhanden ist. Vielleicht kommt die Unzufriedenheit von einer Idealvorstellung, die Sie loslassen können. Wie Ihnen das gelingt, erklären wir auf den nächsten Seiten.

Vielleicht gibt es aber auch konkrete Schritte, die Sie angehen können. Fehlt es Ihnen beispielsweise an Fitness? Hören Sie sich um, ob in Ihrer Umgebung eine Laufgruppe oder ein nettes kleines Studio ist, wo Sie mitmachen können. Beginnen Sie mit kleinen Schritten, starten Sie mit einer Laufrunde pro Woche und steigern Sie langsam, sodass Ihre Ziele stets erreichbar bleiben. Sonst kommen Sie leicht in die Frust-Schleife.

Unzufrieden und sehr unzufrieden: Bitte überprüfen Sie Ihre Unzufriedenheitspunkte nach drei Aspekten: A) Liegt die Unzufriedenheit an Ihrer selbstkritischen Haltung? Dann hinterfragen Sie Ihre Einstellung. B) Sind die Auslöser veränderbar? Dann gehen Sie das Thema Schritt für Schritt an. C) Sind die Ursachen unveränderbar? Versöhnen Sie sich mit dem Punkt, der Ihnen nicht gefällt, es gibt Wichtigeres in Ihrem Leben! Wie eine Versöhnung mit Ihrem Äußeren klappt, lesen Sie auf den folgenden Seiten.

Es herrscht Unzufriedenheit

Unglaublich, aber wahr: Die Zufriedenheit mit dem eigenen Körper war noch nie so gering wie heute. Und dies, obwohl die Fitness- und Wellbeing-Branche boomt. Der Unterschied im Körperbewusstsein zwischen Männern und Frauen wird dabei immer geringer. Schlankheit und Fitness gelten heute für beide Geschlechter als Erfolgs- und Attraktivitätsfaktoren. Während noch vor zehn Jahren der Vergleich mit Idealen aus der

Film- und Prominentenwelt als Maßstab galt, steht heute der Wettbewerb innerhalb der eigenen Bezugsgruppe im Mittelpunkt des Bewertung. Die Rolle der sozialen Netzwerke, die den Zugriff auf eine Unzahl von »Selfies« und »Postings« und damit einen dauernden Vergleich zulässt, ist hier auch von Bedeutung.

Kein Trend ohne Gegentrend: Glücklicherweise wird diese negative und einseitige Sicht auf den Körper, der Trend zur »Selbstoptimierung um jeden Preis«, zunehmend kritisch betrachtet. Die Popularität von Bewegungsarten wie Yoga und Qigong, das Interesse an Achtsamkeitstechniken steigen und gehen mit einem Bild von natürlicher Schönheit in die Gegenoffensive.

Wer sein Selbstvertrauen steigern möchte, sollte in die Spirale von Unzufriedenheit mit dem eigenen Körper – Verbesserung – erneuter Unzufriedenheit – gar nicht erst einsteigen.

Fünf Schritte zu einer positiven Körperwahrnehmung

Aus dem Empfinden und Erleben des eigenen Körpers entwickelt und festigt sich das Körperbewusstsein. Sie kennen das: Wenn Sie sich wohlfühlen mit Ihrem Körper und Ihrem Aussehen, hat das eine sofortige Wirkung auf Ihr Auftreten, Ihre Körpersprache und damit Ihr Selbstbewusstsein. Ebenso kann eine positive Stimmung beispielsweise Schmerzen mildern. Ihr eigenes Körperempfinden können Sie selber positiv beeinflussen. Lernen Sie, sich besser zu spüren und damit Ihre Sensitivität zu erhöhen.

Den eigenen Körper achtsam und realistisch wahrnehmen

In der Regel sehen wir in unserem Inneren sieben Jahre jünger aus. Das ist auch einer der Gründe, weshalb wir uns auf aktuellen Fotos häufig als fremd oder schlecht getroffen empfinden. Da hilft nur der offene, liebevolle Blick auf die Realität. Zu glauben, eine ideale Figur würde uns glücklich machen, ist ohnehin eine Illusion. Stellen Sie sich am besten zwei Wochen lang zweimal täglich nackt vor den Spiegel und lassen Sie das Bild auf sich wirken. Manches wird Ihnen dabei besser gefallen, manches weniger. Versuchen Sie, sich nicht abzuwenden. Sagen Sie sich: »Ja – das bin ich! Auch wenn ich manches nicht so vorteilhaft finde – ich leugne das nicht, ich akzeptiere es. Ich nehme mich so an, wie ich bin!«

Dankbarkeit entwickeln

Nachdem Sie nun – hoffentlich mit etwas Humor und Gleichmut – von Ihrem körperlichen Idealbild langsam loslassen, machen Sie sich bewusst, dass Ihr Körper Sie seit Ihrer Geburt begleitet. Durch ihn atmen Sie, fühlen, denken und lieben Sie. Stellen Sie sich immer wieder vor, dass Ihr Körper Unglaubliches leistet. Zeigen Sie Dankbarkeit und lassen Sie äußere Bewertungen fallen.

Mit allen Sinnen leben

Unsere Sinnesorgane setzen wir oft sehr funktional ein. Zum Autofahren, zum Zuhören, zum Zeitunglesen. Dabei sind sie über ihre Nützlichkeit hinaus eine unerschöpfliche Erlebnisquelle. Erinnern Sie sich an Ihre Kindheit: Sie kommen nach Hause und es riecht nach frischen Pfannkuchen. Erinnern Sie sich an Ihren Lieblingsduft in der Kindheit. Sie durften die Schüssel mit dem Teig ausschlecken. Was für ein Genuss für alle Sinne! Riechen, schmecken, fühlen, hören und sehen Sie mit Fantasie und Genuss.

Keine Frage, das ist etwas ungewohnt. Eine Achtsamkeitsübung zwischendurch kostet keine Zeit und hilft zu mehr Sinnlichkeit im Alltag. Wenn Sie diese Übung nur einmal am Tag machen, werden Sie schon in wenigen Wochen eine Verfeinerung Ihrer Sinne erleben.

Achtsames Hören

 Beim Hörgenuss hilft eine bewusste Stille vorab.

 Suchen Sie sich dann bewusst eine Musik aus.

 Hören Sie diese zuerst einmal mit geschlossenen Augen.

 Konzentrieren Sie sich voll auf die Musik, blenden Sie alle anderen Geräusche aus.

Achtsames Sehen

 Halten Sie kurz inne.

 Schliessen Sie für einen Moment die Augen.

 Öffnen Sie sie und betrachten Sie dann beispielsweise die Blumen, die Sie gerade in die Vase stellen wollen, ganz genau.

 Schauen Sie sich jedes Detail an, die Blüte, die Blätter, die Farben …

Körper und Psyche als untrennbar verstehen

Unser Körper speichert unsere Erfahrungen. Wir wissen alle, dass unsere Erfahrungen und Emotionen auf Körper und Gesundheit einwirken. Neue Studien zeigen jedoch: Auch der Körper beeinflusst umgekehrt unsere Gefühlswelt. Eine aufrechte Haltung beispielsweise hellt die Stimmung auf. Ein tiefes Durchatmen senkt unser Stressempfinden. Bewegung schüttet Endorphine aus und macht uns glücklich.

Die eigene Life Line wertschätzen

In Coachingstunden erlebe ich häufig, dass Menschen die eigenen Leistungen und Stärken zu wenig schätzen. Obwohl sie vieles erreicht haben, scheinen sie entmutigt bei ihren Alltagsanforderungen. Mit der folgenden Übung erzielen wir im Coaching sehr schnell eine gute Einschätzung der eigenen Leistungskraft. Bei dieser anspruchsvollen Übung geht es darum, den eigenen Lebensweg mit seinen Höhen und Tiefen zu reflektieren. Der Fokus liegt dabei auf den eigenen Fähigkeiten und Ressourcen. Es gilt, Wertschätzung gegenüber diesen Kräften zu entwickeln. Jene Fähigkeiten und Stärken, die Sie immer wieder dabei motiviert und unterstützt haben, Ihr Leben zu verbessern und Ziele zu erreichen.

Wenn unser Selbstvertrauen geschwächt ist, neigen wir dazu, unsere Misserfolge und Tiefpunkte immer wieder hervorzuholen und gedanklich und emotional nachzuerleben, was wiederum schwächt. Besonders Frauen sehen bei Tiefpunkten oft ein eigenes Verschulden und Erfolge eher als Glücksfälle. Bitte analysieren Sie nun selbst, wie Sie es geschafft haben, Höhepunkte zu erreichen und aus Tiefpunkten herauszukommen. Sie filtern dabei die Stärken heraus, auf die Sie sich voll und ganz verlassen können!

Selbstcoaching-Übung: Meine Life Line

Bitte nehmen Sie ein Stück Papier und Stifte zur Hand. Lassen Sie die letzten Jahre Ihres Lebens gedanklich vor Ihrem inneren Auge vorüberziehen. Stellen Sie die wichtigen Stationen und subjektiven Höhen und Tiefen Ihrer Life Line optisch dar. Zum Beispiel eine wichtige Prüfung, ein neuer Job, eine Trennung, eine neue Liebe, ein Umzug. Wählen Sie selbst, mit welchem maßgebenden Meilenstein in Ihrem Leben Sie die Lebenslinie beginnen lassen.

Denken Sie über die wichtigsten Höhepunkte nach

Welche Stärken, Fähigkeiten und Eigenschaften haben dazu beigetragen, dass ich diese Meilensteine erreicht habe?

Reflektieren Sie die Tiefpunkte

Welche Stärken, Fähigkeiten und Eigenschaften haben dazu beigetragen, dass ich aus den Tälern wieder herausgekommen bin?

Wozu waren die Tiefpunkte gut? Was haben mir diese Erfahrungen gebracht?

Analysieren Sie die Bedingungen für Ihre Zufriedenheit

In welchem Umfeld, mit welchen Menschen, unter welchen Bedingungen fühle ich mich am wohlsten?

Wann kann ich am besten meine Fähigkeiten und Stärken zeigen?

Glückwunsch! Sie haben einen wichtigen Schritt getan, Ihre eigene Geschichte zu entdecken, anzunehmen und zu akzeptieren. Die eigene Life Line hat Sie zu dem gemacht, wer Sie heute sind. Oft bewerten wir unsere Erlebnisse mit ein wenig Distanz anders als im Augenblick. Vielleicht gelingt es Ihnen durch diese Übung auch künftig das Gute im Schlechten schneller zu erkennen und im Guten auch immer Ihren eigenen Anteil zu sehen. Im Rückblick auf die eigene Vergangenheit sträuben wir uns oft dagegen, Dinge anzunehmen, die wir gar nicht mehr ändern können. Zum Menschsein gehören aber ganz natürlicherweise auch schmerzhafte und unangenehme Gefühle und Erlebnisse. Wenn wir akzeptieren, was in der Vergangenheit liegt, geben wir einen Kampf auf, den wir nicht gewinnen können. Und es werden Energien frei für Erlebnisse, für die es sich einzusetzen lohnt.

SICH
SELBST
VERTRAUEN

Das Steuerrad Ihres Lebens – lenken Sie selbst

Genießen Sie die Freiheit der eigenen Entscheidung.

Die Kunst sich, selbst zu vertrauen, liegt darin, sich der eigenen Stärken, Fähigkeiten und Erfolgsfaktoren bewusst zu sein. Wir wissen, was wir uns zutrauen können – und wo wir Hilfe benötigen. Wenn wir im Alltag den unterschiedlichsten Herausforderungen mit der Überzeugung: »Das schaff' ich schon« begegnen können, zeugt das von dieser inneren Grundsicherheit. Wir lassen uns nicht so leicht von innerer oder äußerer Kritik aus der Bahn werfen. Wir werden sogar angespornt, neue Herausforderungen zu suchen und damit unser Grundvertrauen weiter zu entwickeln. Wenn wir dem Leben mit Mut und Zuversicht begegnen, steigert dies unser Lebensgefühl im Alltag enorm: Wir gehen nahezu angstfrei durchs Leben.

Mut entwickeln – das Steuerrad ergreifen

Fragen Sie sich manchmal: Wie kann ich mehr Mut und Zutrauen entwickeln, die Dinge in die Hand zu nehmen? Oft wissen wir genau, was wir tun sollten, um ein glücklicheres Leben zu führen. Doch immer wieder verschieben wir die Umsetzung. »Das geht doch auch noch später« – später, das ist ein Begriff, der uns Luft verschafft, der uns erlaubt, in den lieb gewonnenen Routinen zu bleiben. Doch später: Wann ist das eigentlich? Jetzt? Oder doch später? Später – also Fluch und Segen zugleich! Etwas aufschieben, vertagen, zu spät beginnen – also das Verhalten, das wir als »Aufschieberitis« bezeichnen,

Überforderung – mit der Macht der Möglichkeiten umgehen

In einer Welt voller Möglichkeiten stehen wir sehr häufig vor Entscheidungen. Doch was geschieht, wenn alles möglich ist? Meistens gar nichts! Alles scheint möglich – immer! Wir können unsere Rollen auf vielfältigste Art und Weise ausüben, unsere Lebensweisen kreativ gestalten und nicht zuletzt – wir können aus einer unüberschaubaren Zahl von Konsum-Möglichkeiten auswählen.

Doch nicht jede Entscheidung lässt sich korrigieren oder ungeschehen machen. Denken wir nur an Familienplanung, berufliche Karriereentscheidungen oder einen Umzug. Der Anschein von unbegrenzten Optionen verspricht uns Freiheit. Doch: Hatten Sie auch schon einmal das Gefühl, dass Sie mit dieser Flut von Angeboten überfordert sind? Wir lassen uns von den vielen Chancen stressen – wir versuchen, nichts zu verpassen, und tanzen auf allen Hochzeiten. In einer Welt der unbegrenzten Möglichkeiten vergessen wir manchmal, dass sich auch Türen schließen und wir vom Leben die vielen Optionen nicht unbegrenzt einfordern können. Wer nicht selbst entscheidet – für den wird irgendwann entschieden.

ist nichts Ungewöhnliches. Es ist sogar ein Forschungsgebiet der Wirtschaftspsychologie und wird Prokrastination genannt.

Was hält uns ab, das Steuerrad unseres Lebens fest in die Hand zu nehmen? Das Aufschieben und das unbewusste Vermeiden einer Herausforderung haben drei zentrale Gründe:
- Überforderung (eine Entscheidung zu treffen),
- Trägheit und
- Angst.

Herausforderungen zu meistern ist jedoch genau das, was unser Selbstvertrauen wachsen lässt!

Was ist heute wirklich wichtig?

- Machen Sie sich morgens bewusst, was für den heutigen Tag die höchste Wichtigkeit hat.

- Ordnen Sie Ihre Entscheidungen dieser Wichtigkeit unter.

- Dann können Sie abends schon ein Ziel erreicht haben.

Der positive und sichere Umgang mit mehrdeutigen Situationen ist ein entscheidendes Merkmal unseres Selbstvertrauens. Mit Freiheit und den vielfältigen Möglichkeiten umzugehen erfordert also ein starkes Selbst, ein Selbst, das weiß, was es will, und Entscheidungen wagt. Ein Selbst, das sich auch abgrenzen kann.

Trägheit – den Kreis der Gewohnheiten unterbrechen

Lieber ein bekanntes Leiden als ein unbekanntes Risiko – nach diesem Grundsatz handeln wir Menschen sehr oft. Wann haben Sie zum Beispiel zuletzt einmal etwas völlig Neues gemacht? Etwas, worin Sie sich sehr unsicher fühlten, etwas, was Sie zwar als reizvoll und attraktiv, aber irgendwie doch auch als risikoreich betrachteten? Schon lange nicht mehr? Dann sind sie nicht allein, denn sehr viele Menschen fühlen sich im Kreis der Gewohnheiten sehr wohl. Denn Gewohnheiten sind nicht nur bequem, nein, sie sind auch Teil unserer inneren Ordnung und damit unseres Selbstbildes.

Jeden Tag eine neue Tat!

- Versuchen Sie, jeden einzelnen Tag eine Kleinigkeit Neues auszuprobieren.

- Fahren Sie einen ungewohnten Weg, essen Sie einmal etwas, das Sie sonst nicht bevorzugen.

- Halten Sie dabei die kleine aufkommende Unsicherheit aus.

Diese Art der Sicherheit ist jedoch eine trügerische Sache, denn aus Ordnung kann sehr schnell auch Starre werden, die sich in unausgesprochenen Regeln und vermeintlichen Grenzen immer mehr Raum in Ihrem Leben verschafft.

Angst überwinden – Mut entwickeln

Ungewohntes liegt meist außerhalb unserer Wohlfühlzone – zumindest einen kürzeren oder längeren Moment lang. Dinge, die jenseits unserer Komfortzone liegen, machen uns Angst. Dies ist ein Grund, sie hinauszuzögern oder zu vermeiden.

Verantwortlich dafür ist eine Region in unserem Gehirn, die die Aufgabe hat, für unser Überleben zu sorgen: die Amygdala. Der sogenannte »Mandelkern« ist ein Teil des limbischen Systems, das Alarm schlägt, wenn etwas eine Gefahr ist oder sein könnte. Innerhalb von Millisekunden geschieht diese Gefahrenanalyse und löst Alarm aus. Die folgende Reaktion fühlt sich für uns wie Angst oder zumindest Unbehagen an, wir schrecken also zurück und vermeiden zunächst das Ungewohnte.

Die Amygdala spielt auch eine Rolle bei der Abspeicherung traumatischer Erlebnisse. Tritt eine ähnliche Situation noch mal auf, stößt sie Stresshormone aus. So kommt es auch manchmal zu Stressreaktionen, wenn keine vonnöten sind. Wir reagieren dann »automatisch« auf bestimmte Reize mit Angst.

Es kann also gut sein, dass Ihr »Bauchgefühl« sagt: »Lass das lieber, das ist gefährlich«, oder »Das schaffst du nicht« – einfach nur, weil Sie das erste Alarmgefühl so interpretieren.

Wie wir mit Entscheidungen, Trägheit oder Angst umgehen, hängt ganz von uns selbst ab. Wofür würde es sich für Sie lohnen, mutig zu sein? Wie kann es Ihnen gelingen, sich Herausforderungen zu stellen und damit Ihr Selbstvertrauen Stück für Stück weiter auszubauen? Kraft und Mut können Sie aktivieren, wenn Sie in Ihrer Psyche Kraftmomente aufspüren und diese in einer Körperbewegung »ankern«. Immer, wenn Sie diese Geste einnehmen, können Sie Kraft für Herausforderungen tanken.

Selbstcoaching-Übung:
Magic Moment

Diese Übung hilft Ihnen, Ihre volle Energie zu aktivieren, auch in unsicheren Situationen: Denken Sie an einen besonders tollen Augenblick in Ihrem Leben. Eine Situation, in der Sie sich besonders energiegeladen und erfolgreich gefühlt haben. Diese positive Kraft können Sie jederzeit reaktivieren.

- »Körperanker« auswählen: Wählen Sie eine Bewegung aus, die Sie in jeder Situation ausüben können. Drehen Sie beispielsweise eine Handfläche nach oben oder führen Sie zwei Finger einer Hand zueinander.
- Erinnerung aktivieren: Vertiefen Sie sich dann ganz in Ihren »Magic Moment« – lassen Sie ihn so lebendig wie möglich werden. Spüren Sie die positiven Empfindungen so tief wie möglich.
- Positive Gefühle verknüpfen: Verbinden Sie die positiven Gefühle von damals mit der Geste oder Bewegung, die Sie gewählt haben.
- Üben Sie einige Wochen immer wieder einmal: Bald können Sie dann schon mit dieser Bewegung Energie und Kraft aktivieren. Dies wird Ihnen helfen, sich sicher und selbstbewusst Herausforderungen zu stellen.

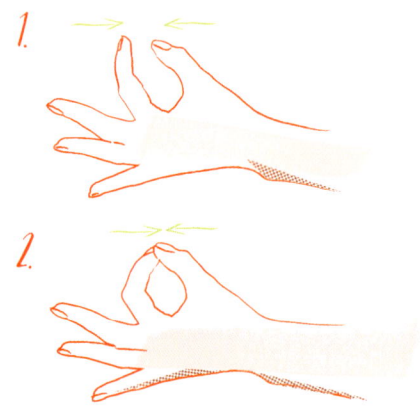

Körperanker

1.

2.

Herausforderungen suchen – Selbstwert erhöhen

Wir leben in einer Welt, in der Komfort zu einem Wert geworden ist, der sehr hoch angesiedelt ist. Für manche ist dieser sogar zum Lebensziel geworden. Damit sinkt die Motivation, für wichtige Veränderungen in unserem Leben zu kämpfen. Oft ist diese Bequemlichkeit der Grund, weshalb wir in einem gemütlichen Käfig ausharren, aber gleichzeitig die Schönheit der Wildnis aussperren.

Grundsätzlich gibt es drei Bereiche:

* Komfortzone: das, was wir kennen, was uns leichtfällt, wo wir uns wohlfühlen
* Entwicklungsbereich: das, was uns neue Erfahrungen ermöglicht, uns herausfordert, uns zunächst unsicher macht
* Panikzone: das, was uns überfordert, bei uns Angst auslöst, was wir vermeiden

Ihre Komfortzone sollte nicht der Ort sein, der Ihr Leben ausmacht, eher der Ausgangspunkt für eine Entdeckungsreise zu Ihren Träumen und Ihrem Potenzial. Es gilt also diesen kleinen Widerstand zu überwinden, der uns vor Erfahrungen abhält und der uns vormacht, dass jenseits der Gemütlichkeit zwangsläufig Gefahr lauert. Was Ihnen dabei helfen kann, lesen Sie auf den folgenden Seiten.

Erfolge feiern

Jede Herausforderung, die Sie meistern, braucht Anerkennung und Festigung. Zu groß ist sonst die Tendenz, dass Sie in den Kreis der Gewohnheiten zurückkehren. Also feiern Sie Ihre Erfolge – auch wenn es nur kleine Schritte sind – angemessen! Verankern Sie die neue Erfahrung in Ihrem Inneren. Sprechen Sie aus, wie Sie Ihre anfänglichen Widerstände und Bedenken überwunden haben. Halten Sie fest, wie Ihre Gefühle sich gezeigt und auch verändert haben. Und wie Sie schließlich den Mut aufgebracht haben, das Steuerrad für Ihr Leben in die Hand zu nehmen!

Selbstcoaching-Übung:
Sich selbst ermuntern

Ein Tipp zum Abschluss dieses Abschnitts: Auch wenn Sie zweifeln oder zurückfallen in altes Verhalten – glauben Sie an sich! Dabei hilft eine Affirmation (eine Selbstsuggestion), die wir Coaches »psychologische Umkehr« nennen. Vervollständigen Sie folgende Sätze:

Auch wenn ich heute (dies oder jenes vermieden habe)

....

liebe ich mich so, wie ich bin!

Auch wenn ich heute (dies oder jenes vermieden habe)

....

gelingt es mir künftig immer besser, meine Vorhaben umzusetzen.

Selbstcoaching-Übung:
KOMFORTZONE VERLASSEN

Denken Sie zunächst an ein Beispiel aus Ihrem eigenen Leben.
Dann folgen Sie den **10 Schritten** zur Veränderung.

1. Worst–Case–Szenario:
Was kann im schlimmsten Fall passieren?

_____

_____

2. Wäre das wirklich
so schlimm?
Und welche Konsequenzen hätte es?

_____

_____

3. Könnte auch etwas
anderes geschehen?

_____

_____

4. Best–Case–Szenario:
Was kann Wunderbares passieren?

_____

_____

5. Welche Gefühle verbinde
sich mit dieser Vision?

_____

_____

_____

6. Wie sehen die ersten Schritte aus?

_____

_____

7. Welche unangenehmen Gefühle erleben Sie dabei?

_____

_____

8. Konnten Sie diese Gefühle schon einmal überwinden?

_____

_____

_____

_____

9. Wo liegen die Vorteile der Veränderung?

_____

_____

_____

_____

10. Wer könnte Sie bei diesem Vorhaben unterstützen? Wie?

_____

Den inneren Kritiker kennen und lenken

Ein Feind Ihres Selbstwertgefühls sitzt oft im eigenen Haus: Es ist Ihr innerer Kritiker. Wer hört nicht gerne Angenehmes über sich selbst. Ja natürlich, wenn es ehrlich gemeint ist, werden Sie vielleicht antworten. Oder: Nein, das ist mir schon eher peinlich. Das kann ich nicht glauben. Ihr eigener innerer Kritiker kommentiert das Feedback von anderen also immer mit. Ist er sehr ausgeprägt, zeigt er sich durch starke Zweifel, einen strengen Selbstdialog und eine fast reflexhafte Fehlersuche bei sich selbst.

Der eigene Kritiker ist die verinnerlichte Stimme der Skepsis oder Kritik, die sie vielleicht schon seit der Kindheit hören. Es kann auch sein, dass Sie diese Haltung von frühen Bezugspersonen abgeschaut haben. Als Kind half Ihnen diese Instanz, sich zu orientieren, einer Strafe zu entgehen und Anerkennung zu bekommen.

Selbstcoaching-Übung: Innerer Kritiker

Denken Sie an eine Situation, in der Sie Selbstunsicherheit verspüren. Welche Glaubenssätze beeinflussen Ihre Selbstbewertung in diesem Moment? Zum Beispiel:

Du bist nur erfolgreich, liebenswert und in Ordnung, ...

- wenn du perfekt bist!
- wenn du es allen anderen recht machst!
- wenn du bescheiden bist!
- wenn du dich anstrengst!
- wenn du keine Schwäche zeigst!
- wenn du alles alleine schaffst!
- wenn du der/die Schnellste bist!

Was spricht Ihr innerer Kritiker?

....

....

....

Ihr innerer Kritiker mag gute Absichten haben – Sie etwa vor Enttäuschungen zu schützen oder das Beste aus Ihnen herauszuholen. Doch überzogene Selbsterwartungen bewirken oft genau das Gegenteil. Dauernder Druck und das Streben nach scheinbaren Idealen können das Selbstvertrauen schwächen. Es entsteht also eine Abwärtsspirale, wenn Sie den kritischen Stimmen nicht ein eindeutiges »STOP« entgegnen.

Am besten gelingt dies, wenn Sie diese innere Instanz wie einen netten, aber dauernd nörgelnden Bekannten betrachten, den Sie lange kennen, aber nicht auf Dauer bei sich wohnen haben wollen. Denke Sie immer daran: Sie sind der »Herr im Haus« und können selber entscheiden, wie lange der Gast bleiben darf. Wird es Ihnen zu bunt, setzen Sie ihn höflich, aber bestimmt vor die Tür! Genauso verfahren Sie auch mit Ihrem inneren Kritiker. Die passenden Methoden dafür finden Sie auf den kommenden Seiten.

Selbstcoaching-Übung:
Innere Erlaubnis

Wenn Sie im Alltag in eine Situation geraten, die Sie unsicher macht oder Stress bei Ihnen auslöst, atmen Sie tief ein und formulieren Sie beim Ausatmen Ihre innere Erlaubnis:
- Ich darf für mich eintreten und meine Bedürfnisse ernst nehmen.
- Ich bin liebenswert, selbst wenn ich einmal scheitere.
- Ich darf mir mein eigenes Tempo wählen und werde Schritt für Schritt meine Ziele erreichen.
- Auch wenn ich mir Hilfe hole, bin ich eine starke Persönlichkeit.

- Ich darf es mir selbst recht machen und dabei glücklich werden.
- Kleine Fehler machen menschlich. Ich werde an Sympathie gewinnen.

Formulieren Sie also Ihre persönlichen Überzeugungen und betonen Sie diese deutlich und energisch, wenn die nagenden kritischen Stimmen sich zu Wort melden.

Mit Kritik anderer gelassen umgehen

Kritik ist eine Rückmeldung, die uns helfen kann zu wachsen und uns zu besseren Leistungen ansport. Sie kann aber auch als Kränkung aufgefasst werden oder als solche gemeint sein. Misserfolge und Kritik sind eine der stärksten »Bedrohungen« für unseren Selbstwert. Denn Kritik wird meist als Angriff auf das gesamte, eigene Ich verstanden.

Ein paar schlechte Worte über uns reichen manchmal aus, um uns in Angst zu versetzen und somit unsere Wahrnehmung durch dieses starke Gefühl zu trüben. Sofort setzt der sogenannte »Fight-or-Flight-Modus« ein: Wir wehren uns und schlagen zurück. Oder ziehen uns zurück und fühlen uns gekränkt. All dies sind Reaktionen, die uns vom Kern unseres Selbstvertrauens wegbringen.

Wie aber gelingt es uns, mit Kritik von außen gelassener umzugehen? Überzogene Selbsterwartungen anzupassen, sich selbst mit den eigenen Grenzen anzunehmen und sich angemessene Ziele zu setzen – all das sind wichtige Schritte zu diesem Ziel. Auf den nächsten Seiten erhalten Sie Schritt für Schritt das richtige Handwerkszeug für den Umgang mit Kritik.

Kritik als Chance

Ohne Reibung entsteht keine Energie. Und so kann ein kritisches Feedback auch eine Entwicklungschance für uns selbst sein. Auch wenn wir diesem zunächst abwehrend gegenüberstehen, lernen wir durch Kritik doch wieder ein Stück mehr über uns selbst und erweitern zugleich unser Reaktions- und Verhaltensspektrum. Dass dies gelingen kann hängt jedoch nicht nur vom Kritisierten, sondern auch vom Kritikgeber ab. Denn nicht jede Kritik kommt in konstruktiver Absicht. Ein selbstbewusster Umgang mit Kritik erfordert deshalb eine hohe Urteilsfähigkeit. Diese setzt voraus:

- den Sachverhalt und die auslösende Situation zu verstehen.
- die eigene Gefühlswelt und die des Kritikers gleichermaßen zu respektieren.
- eigene Anteile am Konflikt zu erkennen.
- die konstruktiven Absichten des Kritikers zu erkennen.
- die destruktiven Absichten des Kritikers abzuwehren.
- anhand einer realistischen Selbsteinschätzung und auf der Basis der eigenen Werte zu reagieren.

Fünf Schritte für einen guten Umgang mit Kritik

Kritik kommt häufig überraschend. In der ersten »Schrecksekunde« reagieren wir oft spontan mit Verteidigung oder Gegenangriff. Beides lässt dann ein kritisches Feedback schnell zu einem Konflikt eskalieren.

Gewinnen Sie Zeit, bleiben Sie ruhig

Erst einmal ruhig zu bleiben – das ist das Wichtigste. Nehmen Sie Ihre Emotionen wahr, ohne diesen gleich nachzugeben. Atmen Sie tief ein und aus. Benennen Sie, was Sie gehört haben, und stellen Sie das Gesagte dabei neutral dar. »Ah, Sie sprechen von der Situation XY.« »Verstehe ich Sie richtig, es geht Ihnen um dieses, jenes.« So verschaffen Sie sich Zeit und vermeiden eine zu voreilige und unangemessene Reaktion.

Fragen Sie nach

Nicht jeder Feedbackgeber formuliert Kritik verständlich und positiv. Fragen Sie also nach, worauf sich die Kritik genau bezieht und was der konkrete Wunsch ist, der dahinter steht. So erfahren Sie mehr über die Gründe der Kritik und die Empfindungen des Gegenübers. Missverständnisse können ausgeräumt werden. Versuchen Sie, durch Ihre Fragen die Situation Ihres Kritikers zu verstehen. »Welche Folgen hatte mein Verhalten für Sie? Welche Empfindungen hat mein Tun bei Ihnen ausgelöst?« Zeigen Sie Respekt für die Sichtweise, ohne sie sich zu eigen zu machen: »Aus diesem Blickwinkel habe ich das noch gar nicht betrachtet.«

Erläutern Sie Ihre Sicht

Vermitteln Sie Ihrem Kritiker, wie Sie die fragliche Situation wahrgenommen haben. Schildern Sie die positive Absicht, die Sie hatten (»Mir war in der Situation wichtig, dass ...«) und was Sie nicht beabsichtigt haben (»Ich wollte Ihnen damit nicht schaden, Sie nicht kränken ...«).

Suchen Sie Lösungsansätze

Fordern Sie nun auch konkrete Vorschläge ein. »Welches Verhalten hätten Sie sich gewünscht?« »Was ist jetzt Ihre konkrete Erwartung an mich?« »Was könnte den Konflikt langfristig beseitigen?« Auf diese Weise können Sie erkennen, ob Ihr Gegenüber »nur mal Dampf ablassen« wollte oder tatsächlich eine Verbesserung anstrebt.

Formulieren Sie eine stimmige Zusammenfassung

Ihr Kritiker verdient eine Antwort. Diese kann neutral sein: »Ich denke darüber nach.« »Ich bin froh, dass ich jetzt weiß, woher die Missstimmung kommt.« »Ich möchte Ihr Feedback erst noch einmal wirken lassen, aber danke für Ihre Offenheit.« Ihre Antwort kann auch einen konkreten Kompromissvorschlag beinhalten: »Ich möchte in dieser Hinsicht auf Ihren Wunsch eingehen, in jener Hinsicht kann ich Ihnen leider nicht entgegenkommen.« Kommen Sie zu dem Ergebnis, dass Sie die Kritik wirklich »verdient« haben, dann sagen Sie das klar und deutlich. »Das war mein Fehler, das bedaure ich. Ich habe unüberlegt gehandelt. Mir waren die Folgen für Sie gar nicht klar. Es tut mir leid«.

SICH SELBST BEHAUPTEN

Selbstbestimmt glücklich – ohne Wenn und Aber

Blicken Sie auf die positiven Seiten Ihres Lebens!

Menschen, die für sich selbst und die eigenen Interessen eintreten, die den eigenen Werten treu bleiben – ohne aggressiv oder rücksichtslos zu sein –, strahlen Selbstbewusstsein aus und fordern Respekt ein. Erinnern Sie sich an Situationen, in denen Sie selbst dieses innere Gefühl der Stärke und Gelassenheit verspürt haben.

Das Bedürfnis, sich selbst zu behaupten, setzt voraus, dass wir wissen, wofür es sich lohnt, uns zu Wort zu melden. Was macht uns glücklich? Was ist uns wirklich wichtig im Leben? Wenn wir dies erforschen und kluge und angemessene Formen der Durchsetzung und Selbstbehauptung an den Tag legen – dann erreichen wir Zufriedenheit mit uns selbst und Vertrauen in unsere Fähigkeit, unserem Leben eine Richtung zu geben.

Glück begegnet uns in vielen Varianten: Wir empfinden Glücksmomente im Alltag, wir genießen besonders glückliche Stunden. Im besten Fall erleben wir unser ganzes Leben als geglückt. Es stellt sich die Frage: Können wir unser Glücksempfinden aus eigener Kraft verstärken?

Glücksforscher gehen davon aus, dass jeder Mensch ein gewisses Glücksniveau mitbringt, bedingt durch Genetik und Persönlichkeitseigenschaften. Sie haben aber auch herausgefunden, dass wir lernen können, glücklich(er) zu sein, häufi-

Was sind für Sie die schönsten Glücksmomente?

....

....

....

....

In welchen Situationen haben Sie ein
»Flowgefühl«, also das Gefühl, in einer
Tätigkeit ganz aufzugehen?

....

....

....

....

ger Glücksmomente zu erleben wie auch
die Intensität dieser Momente zu vertiefen. »Glück zu haben« mag von Zufäl-
len und Lebensumständen abhängig sein.
Glück zu empfinden ist jedoch ein aktiver
Vorgang. Wir können ihn beeinflussen.

Selbstcoaching-Übung:
Glücksmomente

Was bewirkt bei Ihnen eine glücklich-
vergnügte Stimmung?

....

....

....

Den ersten Schritt, Ihre individuelle
Glücksbilanz zu erhöhen, haben Sie bereits getan: Sie haben sich Ihre Glücks-
und Zufriedenheitsquellen ins Bewusstsein geholt. Allein dieser Vorgang erhöht
schon Ihr Glückslevel. Denn Glück entsteht im Gehirn. Glücksgefühle sind eine
wichtige Ressource für unser Selbstwertgefühl.

Die wichtigsten Erkenntnisse der Glücksforschung:

Glücksempfinden hängt ab von:
- Bindung und positiven Beziehungen zu nahestehenden Menschen.
- Anforderungen und Tätigkeiten (Beruf, Familie, Freizeit), die fordern und fördern und ein Flowgefühl erzeugen.
- dem Vorhandensein von Sinngebung, Glaube und Spiritualität.
- einem individuellen Glückslevel, das von genetisch bedingten Persönlichkeitseigenschaften wie Extrovertiertheit und Optimismus abhängt.
- biochemischen Vorgängen in unserem Gehirn, einem Zusammenspiel von Serotonin-, Dopamin- und Endorphinausschüttung.

Bildung, Einkommen und Geschlecht beeinflussen Glück nur marginal. Ebenso haben Geld, Intelligenz, Attraktivität, selbst Gesundheit nur geringen Einfluss.

Körpereigene »Glückshormone« ankurbeln

Sogenannte Glückshormone beeinflussen unser psychisches und physisches Wohlbefinden, sie werden daher auch als körpereigene Drogen bezeichnet. Als Botschafter in unserem Körper leiten sie Nervenerregungen über die Synapsen an das Belohnungszentrum weiter und sind so Auslöser und Verstärker unserer positiven Emotionen.

Fünf dieser Botenstoffe sind besonders wirksam: Serotonin, Dopamin, Noradrenalin, Endorphine und Oxytocin. Wir können unsere körpereigene »Glücksbereitschaft« ankurbeln:

Überprüfen Sie Ihre Ernährung. Serotonin wirkt sich als Stimmungsaufheller aus und unterstützt die innere Ausgeglichenheit. Licht, Sonne und Bewegung regen die Serotoninproduktion an. Bestimmte Lebensmittel, wie Cashew-Kerne, Sojabohnen, Sesam, Amaranth, Quinoa beinhalten L-Tryptophan, eine Vorstufe von Serotonin.

Suchen Sie Bewegung an frischer Luft. Dopamin ist der entscheidende Botenstoff für unsere Glücksempfindungen. Wenn wir etwas Schönes erfahren, setzen wir Dopamin frei. Wir empfinden freudige Erwartung, Aufmerksamkeit, Glück. Richten Sie Ihren Blick auf etwas Freudiges. Suchen Sie Bewegung an frischer Luft, dann führt Dopamin mit Serotonin und Adrenalin zu einem einzigartigen Wohlfühlmix.

Suchen Sie Herausforderungen. Der Euphoriestoff Noradrenalin entsteht aus Dopamin, wenn wir Begeisterung empfinden und aktiv kreativ sind. Noradrenalin steigert die Konzentration, die geistige Leistungsfähigkeit und unsere Motivation. Suchen Sie also Herausforderungen, die Ihnen Begeisterung und ein Flowgefühl vermitteln.

Erkunden Sie sportlich Ihre Grenzen. (Beta-)Endorphine werden unter anderem in Notfallsituationen aktiviert, blockieren Schmerzempfindungen und produzieren Glücksgefühle. Aufgrund dieser Wirkung werden sie als körpereigene Opiate bezeichnet. Intensiver Sport setzt Endorphine frei und kann zum sogenannten »Runner's High«, einem spezifischen Hochgefühl, führen. Ausdauersport wie Laufen oder zügiges Walken sind dazu gut geeignet.

Suchen Sie Körperkontakt. Oxytocin fördert unsere Bindungsfähigkeit. Oxytocin, das sogenannte »Kuschelhormon«, ist in erster Linie für seine Auswirkungen auf die Mutter-Kind-Beziehung bekannt. Es steigert aber nachgewiesenermaßen auch das Einfühlungsvermögen, fördert das Vertrauen in andere und soll sogar die Treue in Beziehungen erhöhen. Mit Körperkontakt, Berührung und durch »tiefes In-die-Augen-Sehen« können Sie die Oxytocinproduktion jedoch anregen.

Selbstcoaching-Übung:
Glück und Selbstvertrauen

Glücksmomente brauchen Raum und Bestätigung, um in Ihrem psychischen System verankert zu werden. Vorgestelltes oder nachempfundenes Glück ist dabei fast genauso wirksam wie das Erleben selbst. Ihr Zufriedenheits- und Glücksgefühl und auch unser Selbstvertrauen können Sie durch eine kleine Übung sehr wirksam steigern. Nehmen Sie sich abends Zeit, die Glücksmomente des Tages festzuhalten.

Wenn es Ihnen schwerfällt, Ihren eigenen Anteil zu sehen, etwa wenn Ihr glücklicher Moment lautet: »Es war ein schönes Frühlingswetter, als ich aus dem Haus ging«, dann könnte Ihr Anteil so formuliert werden: »Ich habe den Moment wahrgenommen, ich habe mir Zeit genommen, tief durchzuatmen, ich konnte den Augenblick wertschätzen usw.« Es gibt keinen Glücksmoment, den Sie nicht direkt oder indirekt beeinflusst haben!

Meine Glücksmomente

Datum	Was war heute ein glücklicher Moment, ein positives Ereignis?	Was war mein Anteil daran? Was habe ich beigetragen?

Selbsttest: Was ist Ihnen wirklich wichtig?

Auf dem Weg, sich selbst zu behaupten, haben wir bereits vieles erkannt und trainiert. Ein weiterer wertvoller Begleiter zu einem starken Ich ist Ihr Wertesystem. Ein Wert ist das, was Ihnen für Ihr Leben elementar wichtig ist. Das, wofür Sie kämpfen würden, wenn Sie es nicht mehr hätten. Das, was Sie unbedingt brauchen, um zufrieden zu sein. Werte unterscheiden sich von Bedürfnissen dadurch, dass sie über lange Zeit, manchmal ein Leben lang, Ihr Handeln beeinflussen. Werte sind durch Kultur, Ethik, Religion und Familie geprägt.

Kennen Sie Ihre ganz persönlichen Werte? Sie erkennen Sie zum Beispiel dann, wenn Sie bei Entscheidungsalternativen sehr zügig und klar zu einem Entschluss kommen. Wenn etwa Wachstum als Wert für Sie ganz oben steht, werden Sie eine berufliche, sportliche oder persönliche Herausforderung der Sicherheit vorziehen. Ist Familie für Sie ein zentraler Wert, werden Sie einem noch so reizvollen beruflichen Abenteuer eine Absage erteilen.

An den Beispielen wird deutlich, dass Werte auch im Widerspruch zueinander stehen können. Für Ihr Selbstvertrauen ist es sehr viel besser, einige wenige Werte als Leuchtfeuer in Ihrem Leben zu verankern, anstatt vielen, widersprüchlichen Werten nachzueifern. Wenn wir stimmig mit unseren Werten leben, können wir viel besser mit Rückschlägen umgehen und uns wieder neu motivieren.

Welches sind Ihre wahren Werte? Worauf kommt es Ihnen im Leben an? Die folgenden Fragen können Ihnen helfen, darauf eine Antwort zu finden.

Welches sind meine wahren Werte?

Wenn ich in 20 Jahren auf einer Parkbank sitze und ich mich dann frage:
»Was ist wirklich wichtig im Leben?« Was antworte ich dann?

....

....

Was würde ich am meisten vermissen, wenn es nicht mehr vorhanden wäre?
Welcher Wert steht dahinter?

....

....

Wofür setze ich mich ein, wofür kämpfe ich? Welchen Wert vertrete oder verteidige ich dabei?

....

....

Worüber kann ich mich richtig empören? Welcher Wert wird dabei missachtet?

....

....

Wofür brenne ich? Wovon braucht aus meiner Sicht die Welt mehr?

....

....

Wie sollten wir Menschen miteinander umgehen? Welche Werte kommen dabei zum Tragen?

....

....

Selbstcoaching-Übung:
Leuchttürme im Leben

Lesen Sie zunächst die Begriffe und markieren Sie diejenigen, die für Sie wichtig sind, und streichen Sie diejenigen, die für Sie keine Bedeutung haben. In dem freien Feld können Sie die Begriffe ergänzen, die hier nicht aufgeführt sind.

Reduzieren Sie dann die Anzahl der Begriffe auf maximal fünf. Wenn Sie sich schwer entscheiden können, stellen Sie die Werte gegenüber und überlegen Sie, wofür Sie sich im Rückblick auf Ihr Leben entscheiden würden.

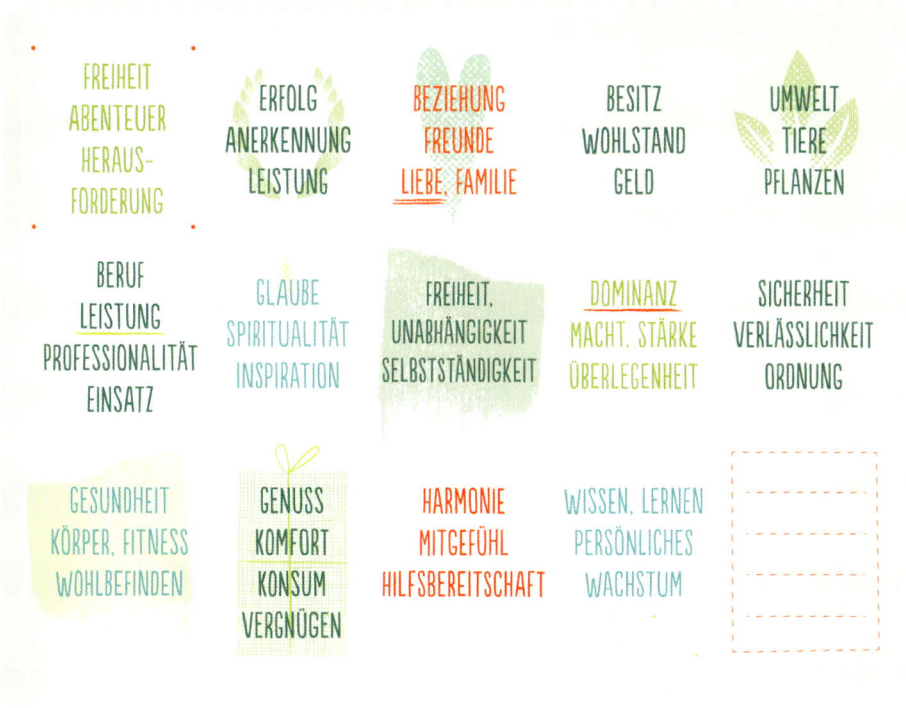

Meine *wichtigsten* LEUCHTTÜRME

1

2

3

4

5

Eigene Grenzen achten

Wer niemals Nein sagt, gilt als hilfsbereit, als gern gesehen und beliebt. Zumindest vordergründig. Wer anderen seine Unterstützung zu bereitwillig zur Verfügung stellt und immer Ja sagt, riskiert jedoch, sich selbst zu verlieren. Der Preis ist häufig Überlastung, Vernachlässigung der eigenen Wünsche und vor allem: Es lauert die Gefahr, das eigene Profil zu verlieren. Der Respekt gilt oft jenen Menschen, die ab und an Grenzen setzen.

Sicher haben Sie selbst schon darüber nachgedacht, was Sie in manchen Situationen hindert, für sich selbst einzutreten.

- **Konfliktvermeidung:** Die Angst vor Konflikten oder Spannungen lässt Menschen vorschnell oder sogar vorauseilend nachgeben. Gemeint ist die Angst, andere zu verletzen, aber auch die Angst, bei einer Auseinandersetzung der Unterlegene zu sein.
- **Angst vor negativen Folgen:** Die Befürchtung, Anerkennung zu verlieren oder Beziehungen aufs Spiel zu setzen, führt zu einem Ja, wenn eigentlich ein Nein gemeint ist.
- **Befürchtung, nicht die richtigen Worte zu finden:** Spontan die passende Formulierung für eine positive Abgren-

zung zu finden fällt oft schwer. Fehlt jedoch eine klare Aussage, sind oft schon Tatsachen geschaffen.

Denken Sie einen Moment darüber nach, wo Ihre größten Befürchtungen liegen, wenn es darum geht, sich abzugrenzen und zu behaupten. Vielleicht versuchen Sie, durch das Nachgeben Ihre grundlegenden Bedürfnisse wie Anerkennung, Bindung und Status zu schützen. Machen Sie sich jedoch klar: All diese Begründungen, die wir für mangelnde Selbstbehauptung vorbringen, sind lediglich Glaubenssätze oder Überzeugungen.

Erinnern Sie sich noch an Ihre Selbstwert-Landkarte (S. 25) und die Glaubenssätze, die Sie dort notiert haben? Wir halten diese Leitsätze für wahr, ohne sie wirklich zu überprüfen. Ist es wirklich wahr, dass wir Anerkennung und Liebe erhalten durch Nachgeben, Kompromisseschließen und Jasagen? Sind wir uns bewusst, was wir durch diese Haltung verlieren? Autonomie, Lebenskraft und Zielerreichung beispielsweise. Alle Glaubenssätze, die unsere Entwicklung einschränken, verdienen es, überprüft zu werden, denn sie sind nicht die Realität. Sie sind lediglich eine Sichtweise, die wir hinterfragen und ändern können.

Die wichtigsten Strategien für mehr Selbstbehauptung

Den ersten Reflex unterbrechen

Vielleicht kennen Sie das: Sie fühlen sich sofort angesprochen, manchmal noch bevor ein Anliegen überhaupt vorgebracht wird. Wenn Sie sich sagen hören: »Okay, ich übernehme das«, ist es meist schon zu spät. Unterbrechen Sie also Ihre spontane Reaktion bereits dann, wenn Sie die Bedürfnisse erahnen. Verschaffen Sie sich eine Denkpause und entscheiden Sie in Ruhe. Dies gilt auch für Anliegen, die nebenbei geäußert oder mit Druck vorgebracht werden. Sie haben das Recht, sich frei zu entscheiden!

Prüfen, wer den Hut aufhat

Übernehmen Sie manchmal Aufgaben oder treffen Sie Entscheidungen zugunsten anderer, einfach weil das immer schon so war? Weil andere der Meinung sind, Sie könnten das am besten? Ohne genauer zu prüfen, ob wirklich Sie die Verantwortung dafür haben? Betrachten Sie die Verantwortlichkeiten einmal mit Distanz. Sind Sie wirklich zuständig für die Überlastung Ihres Kollegen oder ist das eher Aufgabe Ihres Chefs? Sind Sie als

Mutter zwangsläufig auch als Fahrdienst Ihrer Kinder verdonnert oder können diese auch zum Sportverein radeln?

Das Nein verträglich machen

Verzichten Sie manchmal auf klare Worte der Abgrenzung, einfach weil Sie nicht wissen, wie Sie diese formulieren sollen? Ihre Bedenken und Befürchtungen, jemanden vor den Kopf zu stoßen, blockieren Sie. Sie verzichten entweder auf Gegenwehr oder werden vielleicht zu harsch? Üben Sie sich im verträglichen Neinsagen – am besten in Situationen, die wenig Angst auslösen.

Im Job könnten Sie eine Absage zum Beispiel so formulieren: »Es tut mir sehr leid, aber da kann ich Ihnen nicht weiterhelfen. Ich bin gerade mit … beschäftigt und es ist mir sehr wichtig, diese Aufgabe zu Ende zu bringen. Wenn ich Ja sagen würde, hätte dies … zur Konsequenz. Ich denke, das wäre für uns beide nicht hilfreich. Vielleicht könnte Ihnen aber … weiterhelfen.«

Im privaten Umfeld wäre diese Antwort möglich: »Ich möchte dich nicht vor den Kopf stoßen oder gar zurückweisen, doch das kann ich auf keinen Fall übernehmen. Ich bin gerade dabei, auf meine Gesundheit (oder sonstige Bedürfnisse) zu achten und das ist mir sehr wichtig. Vielleicht kann … dir helfen oder wir verschieben es auf den Zeitpunkt …«

Verhandeln – nicht nachgeben

Nicht immer ist ein striktes Nein die richtige Abgrenzungsform. Etwa, wenn es in der Teamarbeit um gemeinsame Projekte geht oder wenn in der Familie Aufgaben neu definiert werden müssen. Hier gilt es also, geschickt zu verhandeln anstatt nachzugeben. Auch wenn es anstrengend ist. Gute Verhandlungsstrategien berücksichtigen die Interessen und Bedürfnisse aller Beteiligten und suchen außergewöhnliche und verträgliche Lösungen.

Dem Druck standhalten

Ihre deutlichen Schritte der Selbstbehauptung werden nicht immer auf Begeisterung stoßen. Vorwürfe und Kritik wie: »Da hätte ich von Ihnen mehr erwartet«, aber auch Schmollen oder Liebesentzug sind beliebte Mittel, Sie wieder so werden zu lassen, wie Sie einmal waren. Bleiben Sie standhaft – Ihre Umwelt wird sich an Ihre Klarheit gewöhnen.

Druck kann auch von Ihren inneren Glaubenssätzen kommen: »Du bist okay, wenn du es anderen recht machst« oder »Du bist okay, wenn du für Harmonie sorgst« – diese Überzeugungen leben in unserem Bewusstsein weiter und verursachen Schuldgefühle. Machen Sie sich klar, dass Sie das Recht – und sogar die Aufgabe – haben, für sich selbst zu sorgen und eigene Ziele zu verfolgen. Formulieren Sie positive Glaubenssätze: »Für mich einzutreten gibt mir und anderen Orientierung«, »Klarheit ist die Voraussetzung für Harmonie mit anderen«.

Freiräume bewusst nutzen – Erfolge feiern

Möglicherweise fühlen Sie sich nach einer gelungenen Abgrenzung wie befreit, möglicherweise kämpfen Sie noch mit Zweifeln. Wo auch immer Sie stehen, konzentrieren Sie sich ganz bewusst auf die Bedürfnisse und Ziele, die der Grund für Ihre Abgrenzung waren. Sie wollten »mehr Zeit für sich«, »den eigenen Prioritäten nachgehen« oder einfach nur »Respekt für die eigenen Grenzen.« Feiern Sie diesen Erfolg, indem Sie ihn in Ihr Bewusstsein holen und etwas daraus machen. Reflektieren Sie diese gelungenen Momente:

Ohne anderen zu schaden, ist es mir gelungen, Zeit zu haben für

....

....

....

....

....

Dieser Erfolg wird gefeiert, indem ich endlich ...

....

....

....

....

Ein paar klare Worte haben bewirkt, dass ich nun ...

....

....

....

....

....

Selbstcoaching-Übung:
Grenzen ziehen

Machen Sie sich bewusst, welche Werte Sie durch eine klare Abgrenzung schützen wollen. Schreiben Sie in das Körperschema auf der nächsten Seite jene Werte, die Sie unbedingt schützen wollen: etwa Gesundheit oder Beziehung. Schreiben Sie in die Blätter des Kreises jene Werte, die für Ihre Entwicklung wichtig sind: etwa Lernmöglichkeiten oder Zeit für mich.

Wünsche und Forderungen ausdrücken

»Eigentlich würde ich auch ganz gerne …«, »Vielleicht könnten wir mal wieder ins Theater gehen«, »Es wäre schön, wenn ich auch einmal mehr Verantwortung bekäme«. Konjunktiv pur! Hinter diesen scheinbar höflichen und vorsichtigen Formulierungen steht der Wunsch, dass das Gegenüber meine Wünsche respektieren und erfüllen möge. Auch wenn ich sie nur andeute. Das führt oft zu Enttäuschungen. Eine klare und eindeutige Sprache ist der Schlüssel zur Selbstbehauptung. Vielleicht möchten Sie auch nur freundlich formulieren. Doch der übertriebene Konjunktiv ist die Höflichkeitsform der 80er-Jahre und wirkt heute eher als umständlich oder unsicher.

Überprüfen Sie, wie häufig Sie Redewendungen wie eigentlich, unter Umständen, möglicherweise, eventuell, gegebenenfalls und vielleicht verwenden. Erhöhen Sie Ihre Verbindlichkeit, indem Sie die Bedingungen, die Sie mit diesen Worten verschleiern, konkret und klar ausdrücken. Vermeiden Sie auch Füllbegriffe, wie im Grunde genommen, im Prinzip, man sollte, irgendwann. Wer sich vage ausdrückt, wirkt auch vage! Formulieren Sie positiv und suchen Sie die direkte Ansprache.

Selbstcoaching-Übung: Sprechen ohne Konjunktiv

Diese kleine Experiment kostet Sie nur einige Minuten Zeit: Sprechen Sie die folgenden Formulierungen laut aus. Achten Sie darauf, welche Empfindungen Sie selbst haben, wenn Sie die alternativen Formulierungen hören.

»Man sollte sich mehr in das Projekt einbringen, dann würde im Prinzip auch mehr dabei herauskommen.« Stattdessen: »Ich möchte im Projekt die Aufgabe X übernehmen. Das wird uns beim Problem Y weiterhelfen.«

»Wenn wir gelegentlich mehr Sport machen würden, würde es sicher auch dir guttun.« Stattdessen: »Ich gehe morgen laufen, kommst du mit? Zu zweit macht es bestimmt Spaß.«

»Wenn es für Sie in Ordnung ist, würde ich vorschlagen, dass wir uns gelegentlich einmal austauschen.« Stattdessen: »Ich schlage ein Gespräch am Dienstagvormittag vor. Passt der Termin für Sie?«

Üben Sie sich im Sprechen ohne Konjunktiv

»Das wird sich dann mit der Zeit auch irgendwie lösen lassen.« Stattdessen:

....

....

....

....

»Würde es Ihnen etwas ausmachen, wenn ich Sie unter Umständen einmal anrufe«. Stattdessen:

....

....

....

....

Schreiben Sie auch Ihre persönlichen Konjunktivsätze um:

....

....

....

....

Sich selbstbestimmt ausdrücken

Die Studie eines IT-Konzerns hatte zum Ergebnis, dass Aufstiegschancen im Unternehmen von drei Faktoren abhängen:

- Leistung – zu 10 Prozent,
- Image – zu 30 Prozent,
- Bekanntheit – zu 60 Prozent.

Dies bedeutet: Ihr Auftreten bestimmt zu einem großen Teil, wie Ihre Leistung eingeschätzt wird. Je bekannter Sie im Unternehmen sind, umso mehr Chancen erhalten Sie! Mit einer guten Selbstdarstellung werden Ihnen verstärkt Führungsaufgaben oder auch repräsentative Aufgaben übertragen.

Auch für das persönliche Umfeld gilt: Es gibt einen Zusammenhang zwischen einem selbstbewussten sprachlichen und körpersprachlichen Ausdruck und dem Respekt, den man bei anderen genießt. Hier tritt ein positiver Verstärkungseffekt ein – je selbstsicherer das Image, desto mehr Zutrauen von außen, desto mehr Zutrauen von innen. Mit einer guten Selbstdarstellung und einem selbstbewussten Auftreten setzten Sie also einen positiven Kreislauf für Ihre persönliche Entwicklung in Gang!

Der erste Eindruck

Sind Sie mit Ihrer Wirkung auf andere zufrieden? Sicher haben Sie schon das eine oder andere Mal Feedback zu Ihrer Ausstrahlung erhalten. Diese Rückmeldung muss nicht immer damit übereinstimmen, wie Sie sich selbst erleben. Im Coaching stelle ich häufig fest: Manche Menschen wirken sehr sicher, fühlen sich aber innerlich unsicher, nervös und zweifeln an Ihrer Überzeugungskraft. Wenn Sie zu diesen Menschen gehören, ist es hilfreich, das positive Feedback Ihrer Umwelt ernst zu nehmen und vielleicht auch einmal durch eine Videoaufnahme zu überprüfen. Im Kapitel »Sich selbst wertschätzen« (siehe S. 36) finden Sie zahlreiche Übungen, die Ihre innere Sicherheit stärken.

Andere Menschen wirken in der Öffentlichkeit eher unsicher, zurückhaltend oder unentschlossen. Und dies obwohl sie sich Ihrer Sache sehr sicher sind. Bei Ihrer (beruflichen) Tätigkeit beweisen sie – auf zurückhaltende Weise – hohe Kompetenz und Sachverstand. Sollten Sie sich in dieser Situation wiederfinden, helfen Ihnen das bewusste Einüben von selbstsicherem Ausdruck und das Entwickeln einer klaren und deutlichen Sprache weiter.

IN DIR MUSS BRENNEN, WAS DU IN ANDEREN ENTZÜNDEN WILLST.

Augustinus Aurelius

Sie wollen Ihr Image (Bild) in Ihrem Unternehmen oder im Bekanntenkreis neu prägen? Dann sollten Sie auf den sogenannte „Ersten Eindruck" achten. Dieser hat dabei eine große Bedeutung. Er entsteht in den ersten Sekunden und ist innerhalb von drei Minuten meist abgeschlossen. Ihr Umfeld hat sich dann einen Eindruck von Ihrer Person und Ihrer Durchsetzungskraft gemacht und geht entsprechend mit Ihnen um. Auch wenn dieses Urteil sehr unzulänglich ist, kann es sich nach und nach verfestigen!

Nutzen Sie den Effekt des ersten Eindrucks also aktiv. Er entsteht nicht nur, wenn Sie jemanden ganz neu kennenlernen, er entsteht auch, wenn Sie die anderen kennen, die Situation aber nicht alltäglich ist. Falls Sie also in Ihrer Großfamilie eher als wenig selbstsicher gelten, können Sie im Vorfeld eines Familienfestes aktiv und mit genauen Vorstellungen das Wort ergreifen und Ihre Ideen vortragen. So können Sie einen Aha-Effekt erzielen, der Ihr Image schneller ändert, als dies in kleinen Schritten jemals geschehen kann. Dies gilt in gleichem Maße auch für den beruflichen Bereich. Überraschen Sie bei einer wichtigen Projektbesprechung, indem Sie gleich zu Beginn mit Nachdruck Ihre Meinung ausdrücken.

Selbstcoaching-Übung:
Experiment Erster Eindruck

Wählen Sie eine Situation aus, in der Sie einen selbstbewussten (neuen) ersten Eindruck erzielen wollen. Stellen Sie sich vor, es würde sich um eine einmalige Situation handeln, es kommt also auf eine gute Vorbereitung und jedes Detail an!

- Bereiten Sie Ihren ersten Redebeitrag vor. Üben Sie ihn vor dem Spiegel oder der Videokamera. Achten Sie auf Stimme, Gestik und Argumente.
- Betreten Sie den Raum rechtzeitig und durchschreiten Sie ihn. Wählen Sie bewusst einen Platz aus. Sicherheit im Raumverhalten wird von anderen unbewusst wahrgenommen.
- Wählen Sie ein Outfit, das dem Eindruck entspricht, den Sie erzeugen wollen. Damit Sie sich darin wohlfühlen, tragen Sie es im Vorfeld »ein«.
- Begrüßen Sie bewusst die Anwesenden, nehmen Sie Blickkontakt auf.
- Setzen Sie den Blickkontakt während ihres Redebeitrags fort. Achten Sie darauf, trotz der Anspannung freundlich zu bleiben und zu lächeln.
- Sie werden Feedback erhalten: Dies ist ein Zeichen, dass Sie einen Aha-Effekt erzeugt haben. Sie haben Ihr Ziel erreicht!

Nicht warten – starten!

Auch die längste Reise beginnt mit dem ersten Schritt.

Laotse

Schön, dass Sie diesem Text bis zum Ende Ihre Aufmerksamkeit schenken. Vielleicht kam das Buch gerade zum richtigen Zeitpunkt und Sie konnten fast alle Übungen umsetzen. Wenn Sie vorerst auch nur eine einzige Inspiration oder Erkenntnis praktiziert haben, ist dies schon der erste große Schritt in die richtige Richtung. Denn eine einzige neue Sichtweise auf unser Selbst kann schon einen völlig neuen, frischen und lebendigen Ausblick auf das, was wir aus unserem Leben machen können, eröffnen. Lassen Sie, bevor Sie das Buch aus der Hand legen, Ihre persönlichen Selbstcoaching-Erfolge vor Ihrem inneren Auge noch einmal vorüberziehen: Was schätzen und mögen Sie ganz besonders an sich? Auf welche Ihrer Stärken und Talente können Sie in jeder Lebenssituation zählen? An welcher Stelle gelingt es Ihnen immer besser, sich auf positive Weise abzugrenzen und selbst zu behaupten? Richten Sie immer öfter Ihre innere Aufmerksamkeit auf diese positiven Entwicklungen und weisen Sie Ihren inneren Kritiker mit Humor in seine Schranken. Auch wenn sich manchmal Trägheit breitmacht oder Sie alten Mustern folgen: Eigentlich ist Ihnen ja jetzt klar, was Sie wollen und wohin der neue Weg führen soll. Motivationslöcher sind menschlich, sie dürfen nur nicht Ihrer Entwicklung dauerhaft im Weg stehen. Wenn Sie sich Ihr Ziel immer wieder bewusst machen, können Sie gezielt eingreifen und sich selbst wieder »auf Kurs bringen«.

Und denken Sie immer daran: Wenn Sie möchten, dass sich in Ihrem Leben etwas tut, dann müssen Sie selbst etwas tun! Nehmen Sie ihr weiteres Leben ab sofort selbst in die Hand. Eine weiterhin spannende Entdeckungsreise mit und zu sich selbst wünsche ich Ihnen!

Service

Literaturempfehlungen

Siegel, D. J.: **Mindsight.** Die neue Wissenschaft der persönlichen Transformation. Goldmann Verlag, 2012

Van den Brink, E., Koster F.: **Mitfühlend leben.** Mit Selbst-Mitgefühl und Achtsamkeit die seelische Gesundheit stärken, Kösel Verlag, 2013

Fischer-Epe, M., Epe C.: **Selbstcoaching.** Hintergrundwissen, Anregungen und Übungen zur persönlichen Entwicklung, Rowohlt Taschenbuch Verlag, 2010

Huber, A., Fuchs, H.: **Selfness.** Nehmen Sie Ihr Leben in die Hand, Deutscher Taschenbuch Verlag, 2007

Wilber, K.: **Wege zum Selbst.** Östliche und westliche Ansätze zu persönlichem Wachstum. Goldmann Verlag, 2008

Breuninger-Ballreich, S.: **Was Sie stark macht.** Verborgene Kräfte aktivieren. Herder Verlag, 2009

Quellenangaben

Rosenberg M. (1965): **Self-Esteem Scale**

Fleming, J; Courtney B. (1984): **Multidimensionale Selbstwertskala**

Kornfield, J.: **Das weise Herz.** Die universellen Prinzipien buddhistischer Psychologie. Arkana Verlag 2008

Branden, N., Pott A. (1995): **Die 6 Säulen des Selbstwertgefühls.** Erfolgreich und zufrieden durch ein starkes Selbst. Piper Taschenbuch, 1995

Schütz, A.: **Je selbstsicherer, desto besser?** Licht und Schatten positiver Selbstbewertung. Beltz Verlag, 2005

Hipp, J., Wengel, K.: **Karrieremosaik** – Orientierung auf dem Berufs- und Karriereweg. In: Coaching-Tools. Erfolgreiche Coaches präsentieren 60 Interventionstechniken aus der Praxis. managerSeminare Verlag, 2013

Bibliografische Information der Deutschen Nationalbibliothek
Die Deutsche Nationalbibliothek verzeichnet diese Publikation in der Deutschen Nationalbibliografie; detaillierte bibliografische Daten sind im Internet über http://dnb.d-nb.de abrufbar.

Programmplanung: Sibylle Duelli
Redaktion: Claudia Rieß, München
Umschlaggestaltung und Innen-Layout:
CYCLUS Visuelle Kommunikation, Stuttgart

Bildnachweis
Umschlagillustration und Illustrationen im Innenteil: Daniela Sonntag, Stuttgart

1. Auflage 2016

© 2016 TRIAS Verlag in
Georg Thieme Verlag KG
Rüdigerstraße 14
70469 Stuttgart

Printed in Germany

Satz und Repro: Reemers Publishing Services GmbH, Krefeld
gesetzt in Adobe Indesign CC 2015
Druck: AZ Druck und Datentechnik GmbH, Kempten

Gedruckt auf chlorfrei gebleichtem Papier

ISBN 978-3-432-10189-7

Auch erhältlich als E-Book:
eISBN (PDF)   978-3-432-10190-3

1 2 3 4 5 6

Besuchen Sie uns auf facebook!
**www.facebook.com/
trias.tut.mir.gut**

Lassen Sie sich inspirieren!
**www.pinterest.com/
triasverlag**

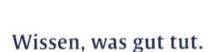